インスパイアード・トーク

── 魂を鼓舞する会話 ──

スワーミー・ヴィヴェーカーナンダ

日本ヴェーダーンタ協会

スワーミー・ヴィヴェーカーナンダ

ヴィヴェーカーナンダ・コテージ

スワーミー・ヴィヴェーカーナンダがサウザンド・アイランド・パークで住んでいた家。（二階の左部分がスワーミージーの部屋。屋根のある二階のベランダで夕方の講話がおこなわれ、スワーミージーの席は自分の部屋に近いほうの端にあった。ここは現在、ニューヨークのラーマクリシュナ・ヴィヴェーカーナンダ・センターのリトリート〔修養会〕に使われている）

目次

凡例

文中のアラビア数字による〔1〕は原注、〔二〕などの漢数字によるのは訳注の意味。文字の後の（）は、意味を示しています。

初版の序文

スワーミー・ヴィヴェーカーナンダと個人的にふれあう、という幸運を得た人は皆そろって、講義の壇上の彼だけを知る人はその真の力と偉大さのごくわずかな部分しか知らない、と言う。彼の最も輝かしい啓蒙《けいもう》のきらめき、最も高尚な雄弁の飛翔《ひしょう》、最も深遠な知恵に満ちた言葉は、選ばれた友人や弟子たちとの親しい会話の中にあった。しかし印刷された彼の作品は、残念ながら、講演者ヴィヴェーカーナンダしか示していない。友として、先生として、また愛すべき師としてのヴィヴェーカーナンダは、彼の足もとに座るというまれな特典を得た、少数の幸せ者だけに知られているのだ。公開された手紙の中に偉大な霊性の天分の一側面をかいま見ることはできる。しかしこの本が、内輪の親しい人びとのあいだで話した彼の言葉を初めて公開したのである。

これらはニューヨーク在住のミス・S・E・ワルドーによって書きとめられた。彼女はスワーミーがアメリカでの使命に着手した当初から、ずっと献身的に仕えてきた人物である。スワーミーは（彼の著書）「ラージャ・ヨーガ」に挿入した、パタンジャリの格言集の翻訳と説明の書きとり役を彼女に任せた。彼女はよく私に話したものだ、スワーミーが、簡潔なサンスクリット語の適切な意味を見つけるために沈思没入の自己熟考の深みにいるとき、いつそこから戻ってきて最初の一言を発しても書きとめられるように、ペンのインクが乾くのに注意して準備しながら、どんなに長いあいだ待っていたことか、と。アメリカでの報道陣への広報を担当したのもすべて彼女だった。このように、彼女の能力にたいするスワーミー・ヴィヴェーカーナンダの信頼は非常に高かったので、彼女がベストだと思うものを扱うように、という指示付きで、講義の記録をタイプしたものを彼女に渡していた。みずからの仕事の結果にはまったく関心がなかったスワーミーは、講義録を大まかでさえ見る気は起こらなかったのだ。

ハートと頭脳、両方の不変の忠実な奉仕をとおして、弟子の心は師の心とひとつになり、彼女は速記の助けがなくても完全な正確さで彼の教えを書きとっていった。彼女自身が言っていたように、それはまるでスワーミー・ヴィヴェーカーナンダの思考が彼女をとおして流れ出し、紙の上へと自然に書かれているようだった。以前のこと、サウザンド・アイランド・パークの家にあとから来た数名の人たちに、この本となったメモの一部を彼女が読みあげたことがあった。スワーミーは何が起こっているかがわからない様子で、旅行者たちがその部屋を去るまで足早に行きつ戻りつしていた。やがて彼女の方を向き、「どうやって私の考えをそんなに完全にとらえることができたのですか？　まるで自分がしゃべっているのを聞いているようでした」と言った。ほかにどんな賞賛が必要だろうか？

マドラス（現チェンナイ）のラーマクリシュナ僧院は、この「インスパイアード・トーク」が公開されることを深く喜び、長いあいだ隠されていた、全人類の財産であるこの豊かな宝を世に出すことにご協力いただいた一人一人に心から感謝の意を表したいと思う。

マドラス　一九〇八年一一月

デヴァマタ

第二版の序文

たいへん貴重なこの本が第二版を出版することとなった。今回私は、スワーミージーの発言にまとまりがなく、筋が通らないように見えているかもしれない箇所に、いくつかのメモを付け加えた。印刷ミスもいくつかあったので、すべての読者のために、できるだけ分かりやすく、完全に間違いをとり除くことに努力を注いだ。

スワーミージーは、現代のヴェーダーンタの、最も偉大で力強い主唱者として世界中に知られている。インド国内でも、海外でも、彼の雄弁に抵抗しがたい魅力を感じる人は多い。この本の中でスワーミージーは、的確な論理、魅惑的な人柄、そして最も難解な主題をサイクロンのような雄弁と理解しやすい方法で説明している。たぐいまれな才能にもとづく論破不能な議論で人びとを征服するために、スワーミージーは、大勢の批判的な聴衆に立ち向かうことはせずに、すでに心服《しんぷく》している選ばれた数名の弟子たちの前に、座った。彼が、無知と苦難の大海を超えるためのただ一人の導き手であることを、彼らは理解し始めていたのだ。彼は、自身のすべてを明らかにする悟りの栄光の中に座っていた。その内なる光のやわらかな放射で、そして甘美な音楽のような声で、彼は熱心な信者たちのハートの蓮華《れんげ》のつぼみをやさしくふくらませ、開花させていった。彼のまわりすべてに平安が行き渡っていた。そのような偉大な聖者をグル（導師）として、その足もとに座るというまれな特典を与えられた幸運な魂たちは、まさに祝福されていた。

サイクロンのような疾風怒濤《しっぷうどとう》の僧は、彼の前にすべてを示していたわけではなかった。平安に満ちたリシ（聖賢）は、それを受けるに値するほど成熟した数名の熱心な魂に、平和と至福のメッセージを静かに広めながら、座っていた。晴ればれとした陽気な夜明けの輝く太陽が夜の暗やみを追い払うように、彼の神聖な口からは、なんと人を明るくし、元気づける言葉が出てきたことだろう。もしそれらの言葉に数名の魂を慰める力があるならば、それにはすべての魂を元気づける力があるはずだ。こうした救済の言葉を保存し、本にした、忠実な弟子のハート（感じる心）は祝福され、スワーミージーの言葉は「永遠」という子宮の中で、失われることなく、生き続けるであろう。スワーミージーの〝インスパイアード〟な話をこの世に出してくれたことについて、全世界が、マザー・ハリダシ（ミス・S・エレン・ワルドー）に感謝すべきだ。人類にとって、この本よりも良い友、良いガイドはありえないだろう。この本のネクター（甘露《かんろ》）を味わう人は、皆、死が自分を打ち負かす力を持たないことを必ず知るだろう。光とやすらぎと平安を求めるすべての魂が、苦しみを今回かぎりで終わらせるために、これを頼みの綱としますように。

ラーマクリシュナーナンダ

マドラス

一九一〇年一二月九日

発行者のことば

スワーミー・ヴィヴェーカーナンダが西洋でヴェーダーンタを説いていたあいだの、一八九五年の六月一九日から七週間、ニューヨークのサウザンド・アイランド・パークの山荘で、熱心な霊性の求道者の小グループに特別な霊的指導を与えました。その教えは彼が霊的に高揚した状態で自然の膝元に浸っていたときに与えられたもので、霊性の宝石と見なされています。

本書はこの小グループの一人による記録を日本語に訳したもので、アメリカ、ハリウッドの南カリフォルニア・ヴェーダーンタ協会にあるサーラダー尼僧院のプラブラージカ・ダヤープラーナによって翻訳されました。

読者の皆さんがこの本を読んで霊性の生活に多大な恩恵を受けることを期待します。

二〇一六年三月三〇日

前置きの物語

一八九三年の夏、一人の若いヒンドゥ教のサンニャーシン［1］がバンクーバーに上陸した。彼はシカゴでおこなわれる宗教会議に出席する途中だったが、主要な宗教組織のどこからも信任状をもらっていなかった。知人もいない世間知らずな彼は、マドラスの真剣な若者たち数名から使命をたくされていた。彼らは、彼がほかの誰よりも、立派にインドの古代からの宗教を代表してくれる人物だと確信して、渡航資金を一軒一軒集めてまわったのだ。こうして集められた金は、一～二名の王からの寄付とともに、当時は無名のスワーミー・ヴィヴェーカーナンダが長い旅に出発することを可能にしたのである。

［1］文字通り「放棄した人」——すべてを放棄し、祈りと瞑想の宗教生活者あるいは遍歴の宗教的指導者として、自己を宗教生活に捧げる人につけられたヒンドゥの名前。

このような使命に思いきって立ち向かうことは、すさまじい勇気を必要とした。インドの神聖な土地を離れ、見知らぬ国へ行くことは、西洋人の我々が理解するよりもはるかに多くのことを意味している。特にそれが、人生の現実的・物質的な面から完全に離れるための鍛錬をしている、サンニャーシンの場合にはなおさらである。金を扱うことと、徒歩以外の旅に慣れていないスワーミーは、旅のあいだに金品を奪われ、だまされて最終的にシカゴに着いたときには、ほとんど無一文だった。紹介状もなく、その大都市［2］には一人の知人もいなかった。自国から何千キロも離れた土地で見知らぬ人びとの中にただ一人、それは強靭な男でも気力をくじかれるような状況だった。しかしスワーミーは、神の守護はけっして自分を失敗させない、という強い信念のもと、すべてを主の御手にゆだねた。

［2］後にマドラスのあるブラーミンがシカゴの紳士にスワーミーについて手紙を書き、紳士はその若いヒンドゥ僧を自分の家に招いた。そしてその家族とスワーミー・ヴィヴェーカーナンダのあいだには生涯つづく友情が生まれた。彼らはみなスワーミーを深く愛し、輝かしい天分をよく理解し、また性格の清らかさと率直さに憧れた。それについては快く愛に満ちたたくさんの例を彼らは提供している。

二週間ほどは、彼はホテルの経営者や他の人たちの法外な要求に応じ支払いをしていたが、手もとに残った少しの金は、路上での餓死を避けたいなら、すぐにでも、費用のかからない場所を探さなければならないほど減っていた。非常な勇気をもって引き受けた使命を投げ出すことは、彼にとってたいへん難しいことだった。一瞬、落胆と疑問の波が襲いかかり、自分はなぜ、あの激しやすいマドラスの学生たちの言うことを聞くほどバカだったのだろうか、と思いめぐらすこともあったが、しかし他の道は残されていなかった。こうして彼は、みじめな気持ちでボストンに出発し、もし必要であれば、インドにもどるために金を送ってくれるように電報を打つ決心をしていた。

しかし彼が堅固に信じていた主のご意志はまた別のものであった。列車の中で、彼は一人の老婦人に出会い、友情にみちた好奇心を抱いた彼女は、彼を自宅に招待した。その家で、彼はハーバード大学の教授と知り合った。スワーミーとじっくり話し、彼のすばらしい才能に深く感銘をうけた教授は、なぜシカゴの宗教会議にヒンドゥ教の代表として出ないのかとたずねた。スワーミーは、金もなく、会議のための紹介状もない、という自分の困難な状況を説明した。教授はすぐに、「ボニー氏は私の友人です。彼に手紙を書いてあげましょう」と答えてくれた。手紙の中で、彼は、「わが国のすべての学者を集めたよりも、もっと博学な無名のヒンドゥ僧を見つけた」と明言した。その手紙と教授から贈られた汽車の切符をもって、スワーミーはシカゴにもどり、そこで代表として快くむかえられたのだった。

ついに会議の初日となり、スワーミー・ヴィヴェーカーナンダは、開会式の壇上に居並ぶ東洋からの代表者の列のなかにいた。目的は達成された。しかし、その壮大な聴衆を見て、とつぜん緊張が彼を襲った。ほかの人びとはみなスピーチの原稿を用意していたが、彼は何も持っていなかった。この六～七〇〇〇人の大聴衆の前で何を話せばいいのだろうか。午前中はずっと小声で「ほかの人を先にしてください」と順番をゆずり続けていた。やがて午後になり、最後にバローズ博士は彼を指名した。

そのショックが、ヴィヴェーカーナンダの神経を落ちつかせ、勇気を刺激した。彼はすぐにその場に立ち上がった。大聴衆の前で立ち上がって演説するのは生まれて初めてのことであったが、その効果は電撃的だった。期待している聴衆の海を見渡したとき、力と雄弁が彼を満たした。まず、「アメリカの姉妹たち、兄弟たち」とすばらしい音楽的な声で聴衆に語りかけた。成功は突然だった。そして会議の期間中、彼の人気は衰えることがなかった。人びとは、彼の講話に熱心に耳を傾け、彼の言葉を聞くために、暑い日でも会議の終わりまで辛抱強く残っていた。

これはアメリカでの彼の仕事の始まりであった。会議が終わったあと、彼は経済的窮乏を満たすため、西部への旅をしながら各地で講演をするというレクチャー・ビューロウの申し出を受け入れた。大聴衆は魅力的だったが、彼はまもなくその性分に合わない仕事をあきらめた。彼は世俗的なことを話す人気講師ではなく、やはり宗教の指導者であった。そこで彼は、もっとも収入になる生活手段をすぐに捨て、一八九四年の初めにニューヨークに行って、真の使命に着手した。まず最初に、シカゴで知り合った友人を訪ねた。彼らはおもに裕福な階層の人たちで、彼は、彼らの家の居間でときどき講話をした。しかしこれにも満足できなかった。これは表面的すぎる単なる楽しみの追求だ、自分の覚醒《かくせい》された関心は今まで望んでいたものではない、と感じていた。そこで彼は、すべての真剣な真理追求者が、貧富を問わずに自由に来ることのできる、彼自身の部屋を持つことを決心した。

ブルックリン倫理協会での講義は、彼の目ざす独立した授業へと自然につながっていった。協会の長であったルイス・G・ジョーンズ博士はこの若いヒンドゥ僧のことを知って、西半球の人間への彼のメッセージと同様に、彼の能力にも魅力を感じ、協会で話してくれるように招待した。それは一八九四年の最後の日であった。倫理協会がポーチ・マンションで開いた会合は、大勢の聴衆で埋めつくされた。講義は「ヒンドゥイズム」についてであり、長衣にターバン姿のスワーミーは、母国の古代からの宗教についてくわしく説明した。参加者の興味は非常に深まり、ブルックリンで定期的な講習会を開いてほしいと熱心な要望がおこった。スワーミーはこころよく同意して、ポーチ・マンションや別の場所で数回の公開講座が開かれることになった。

ブルックリンで彼の講義を聴いた人たちのうち数名は、ニューヨークの彼の住まいに来るようになった。そこは普通の貸家の二階の一部屋だったが、聴講者が急激に増えたため、椅子や長椅子が足りなくなって生徒たちは、鏡台や大理石の洗面台にスワーミーが自国でやる座り方にならってあぐらになって座った。彼はここで熱心な生徒たちにヴェーダーンタの偉大な真理を教えたのである。

彼は自分の使命がようやくスタートした、と感じた。それは真理とすべての宗教の基本的な調和を示すという、彼の師、シュリー・ラーマクリシュナのメッセージを西洋の社会に伝達することであった。クラスの参加者が急激に増え、二階の小部屋はすぐ満員になるので、階下の二間続きの応接間を借りることになった。そこでスワーミーはそのシーズンの終わりまで教えた。授業は完全な無料で、必要な費用はボランティアの寄付でまかなわれた。部屋代の支払いやスワーミーの生活費は不足し、それらのクラスは金銭的なサポート不足のために終わりを迎えようとしていた。スワーミーは報酬を受けるために、世俗的な主題の連続公開講座を開くことをすぐに公表した。そうやって宗教的なクラスをサポートするための金をかせいだのだ。自由に教えるだけでなく、できればその費用を負担するための仕事を、ヒンドゥ教徒は霊性の教師の義務であると見なすのである。昔のインドでは、教師が生徒のために家や食物を提供することは習慣的なことでさえあった。

このころ何人かの生徒は、スワーミーの教えにとても深く興味を抱き、その夏中クラスを続けてほしいと切望していた。しかし彼は、きびしいシーズンの仕事のあとで疲れていたので、最初は暑い気候のときに仕事を延長することをためらっていた。また一年のうちのこの時期は、都会から出ていく生徒も多かった。しかし問題は自然に解決した。我々のメンバーのうちの一人が、セントローレンス川の中でもっとも大きな島、サウザンド・アイランド・パークに小さな別荘を持っており、そこをスワーミーと生徒たちの宿泊地として使ってくれるように申し出てくれたのだ。この計画はスワーミーの気に入り、彼はメイン・キャンプに友人を訪ねたあと、我々と合流することにした。

生徒で別荘の持ち主、ミス・Dは、この機会のために特別神聖な場所が用意されるべきだと感じて、師にささげる真の愛のかたちとして、元の建物とほぼ同じ大きさの新しい部屋を増築した。その場所はサウザンド・アイランド（千の島）として知られる島々が点在する、美しい川のゆたかな流れを見渡せる高台に、理想的なかたちで位置していた。クレイトンが遠方にうっすらと見え、もっと近くにはカナダ側の岸が北方への景観を広げていた。別荘は丘の中腹にあり、北と西の斜面は川岸に向かい荒々しく降下し、家のうしろには湖のような小さな入り江が広がっていた。その家は文字どおり、「岩の上に建てられた」もので、巨大な岩がそのまわりを囲んでいた。新築された部屋は三方に窓があり、大きな灯台のように岩の急斜面に立っていた。下の階は生徒の一人が使った。上の階の部屋はいくつかのドアで家の中心部とつながっていて、そこは広くて便利だったので、我々の教室となり、そこでスワーミーは一日に何時間もうちとけた指導を与えてくれた。この部屋の向こう側にスワーミー専用の部屋があった。そこを完全に隠棲《いんせい》の部屋にするために、二階のベランダに通じるドアはあったもののミス・Dは別個の外階段も設けた。

この二階のベランダは、スワーミーの夕方の講義がすべてここで行われたために、生活の重要な役割を果たす場所となった。そこは広びろとして屋根もあり、この家の西と南の面にそって拡張されていた。ミス・Dは、ここからの景観がすばらしいために外部の人びとが頻繁に訪れるので、プライバシーの侵害を守るため家の西側を注意深くついたてで仕切った。最愛の先生は毎日夕方になると、彼の部屋近くのドアのそばに座り、夕闇の中で霊感あふれる言葉に熱心に聞き入る我々と心をかよわせ、語り合った。そこは真の聖域だった。眼下には緑の海のように木々がうねり、全体が深い森に囲まれていた。大きな村だったが家は一軒も見えず、まるで人間のたまり場から何キロも離れた深い森の中心にいるようだった。木々のむこうにセントローレンス川が大小の島々を点在させ、はてしなく広がっていた。島のなかにはホテルや下宿屋の明かりがかすかに見えるものもあった。これらはすべてとても遠くはなれていたので、現実のものというより絵の中の光景のようだった。誰一人としてこの隔離された場所に入り込む者はいなかった。聞こえてくるのは虫たちのささやき、小鳥たちの甘い歌声、そして木の葉をわたる風のやさしいため息だけだった。時には月のやわらかな光があたりを照らし、下方の川の水面で鏡のように輝いていた。この魅惑の光景のなか、「世界の意識を忘れて話す人から聞いて、世界はすべてを忘れる」、我々は敬愛する師の霊感に満ちた言葉を聞き、祝福された七週間をすごした。毎日夕食が終わると、すぐに全員二階のベランダに行き、師が来られるのを待った。長く待つことはなく、集まるとすぐに彼の部屋のドアが開き、静かに出てきていつもの席に座った。いつも二時間かそれ以上をともにすごした。満月に近いすばらしい夜などは、月が西の地平線に沈むころまで話し続けたこともあった。みな明らかに時のたつのを忘れていた。

そのときの話の記録をとることはできなかった。それは心の中に生き続けている。あの神聖な日々、強烈な霊的生活がもたらした高揚は、誰も忘れることができないだろう。スワーミーは心の中のすべてを吐露してくれた。彼自身の奮闘が我々の前に再現され、すべての疑問を晴らし、すべての質問に答え、すべての恐怖を和らげるために、まさに彼の師、シュリー・ラーマクリシュナの精神が彼の口をとおして語られているようだった。多くの場合、スワーミーは我々がそこに居ることをほとんど意識していないように見えた。我々は彼の言葉を妨げたり思考の流れを止めたりしないように、息を殺していた。彼は席から立ち上がり、完璧な雄弁をほとばしらせながら、ベランダの狭い場所を行ったり来たりした。この時間ほど彼が優しく魅力的なことはなかった。それは彼の師が弟子たちに教えたやり方によく似ていたのかもしれない。まさに彼自身と一体化した精神のほとばしりを弟子たちに与えるように。

スワーミー・ヴィヴェーカーナンダのような人と暮らすことは不断の霊的刺激だった。朝から晩まで変わることのない絶え間ない強烈な霊性の雰囲気のなかで暮らした。しばしば陽気にふざけ、楽しい冗談と機知に満ちた素早い会話にみちていたが、彼は一瞬たりとも、自分の生活を支配する調子から大きくはずれることはなかった。すべてのことが例や教訓をそなえていて、ヒンドゥのおもしろい神話から深遠な哲学を学んでいることに気づかされた。スワーミーには無尽蔵の神話の知識があり、古代アーリア人ほど神話を豊富に持っている民族はいないことがよくわかった。彼はそれを話すことが好きで、神話や物語に隠されている真理を指摘すること、そこから有意義な霊的教訓を引き出すことがとても上手だったので、それを聞いていつもたいへん感動していた。このように才能のある師を持つことは、生徒として最大の幸運だった。

まれに見る不思議な一致によって、一二名の生徒がスワーミーについてサウザンド・アイランド・パークへ集まった。そして彼は我々を真の弟子として受け入れたこと、それだから最善をつくして常に喜んで教えたことを話してくれた。一二人全員が同時に集まったわけではなかった。一〇人が一時に集まった最大数だった。そのうちの二人は後にサンニャーシンになった。二人ともここサウザンド・アイランド・パークでイニシエーションを受けた。二人目のサンニャーシンの儀式のとき、スワーミーは五名にブラフマチャーリン[3]のイニシエーションを与えた。そして残りの者は、のちにニューヨークでスワーミーの数名の弟子とともにイニシエーションを受けた。

［3］特定の師に忠誠心をもって仕え、宗教を学ぶ学生。見習い僧。

サウザンド・アイランド・パークでは、それぞれ異なる質をもつ者たちが家の静穏を保てるようにと、家事を分担しておこなう共同体として生活することが決められた。スワーミー自身は熟達した料理人で、我々にしばしばおいしい料理を作ってくれた。彼は師の死後、同志である兄弟僧たちに仕え、料理の方法も学んだ。スワーミーは、シュリー・ラーマクリシュナによって与えられた真理を、彼らが世界中に広めるのにふさわしい者となるように、師によって始められた訓練を継続して導いたのだ。

毎朝メンバー全員の仕事が終わるとすぐに、（しばしば、それより前に）スワーミーは教室として使われていた広い居間に我々を集め、講義を始めた。日によって特別な主題を選ぶこともあったが、バガヴァッド・ギーター、ウパニシャド、ヴェーダーンタ・スートラといった神聖な本を詳しく解説することもあった。スートラは格言の形で、ヴェーダの中に埋められた偉大な真理をできるかぎり簡潔に表現したもので、主語も動詞もなく、作者はあらゆる不必要な言葉を除去することに専念している。ヒンドゥの格言では、「スートラの作者は自分の大切な息子を人に差し出すことはあっても、彼のスートラに一語を付け足すことはしない」と言われているほどだ。

その謎めくほどの簡潔さのため、ヴェーダーンタのスートラは注釈者に豊かな活躍の場を与えた。特に三人の偉大な哲学者、シャンカラ、ラーマーヌジャ、マドゥーヴァは入念な注釈を書いた。スワーミーは朝の講話のなかで、これらの注釈を順次とり上げ、それぞれの注釈者が自分の特別な考え方に合うようにスートラの意味をいかにゆがめているかを示し、スートラの中で、最も彼自身の解釈を実証するものを読もうとした。スワーミーは「テキスト曲解」という悪癖がいかに昔からあるか、しばしば指摘した。

こうした授業のなか、ある日はマドゥーヴァによって示された純粋な二元論が示され、また他の日にはヴィシシュタ・アドヴァイタとして知られるラーマーヌジャの限定非二元論が示された。もっともひんぱんに取り上げられたのはシャンカラの一元的な解釈だったが、内容の精妙さのために、それを理解するのはより難しかった。最終的に、生徒たちのあいだではラーマーヌジャが気に入られた。

スワーミーはときどきナーラダのバクティ・スートラをとりあげた。これは神への信仰の短いスートラで、人に、主への一点集中の愛、信者が他のあらゆる考えを除外して神だけに抱く愛、というヒンドゥの高貴な理想の概念を与えるものだ。バクティは神性と自己が一体であることを悟るヒンドゥ教の教えのひとつで、信仰心の深い人の心に自然に訴える方法だ。それは神、つまり「彼」だけを愛することだ。

これらの話の中で、スワーミーは初めて彼の偉大な師、シュリー・ラーマクリシュナについて我々に語った。師と過ごした日々のこと、ときどき師を泣かせた彼の不信仰という傾向性から来る苦悩など。シュリー・ラーマクリシュナは、スワーミーが彼の仕事を手伝うために特別にこの世に来たこと、そして彼が自分は本当は何者なのかを知ったらすぐに肉体を捨てるであろうということを、他の弟子たちにしばしば言っておられた。しかしそのときが来る前にスワーミーには、インドだけではなく他の国も同様に助けるという、成しとげなければならない使命があるとつけ加えておられた。シュリー・ラーマクリシュナは、よく「私には理解できない言葉を話す弟子が遠くにいる」とおっしゃっていた。

サウザンド・アイランド・パークでの七週間を終えて、スワーミーはニューヨークに戻り、その後外国に行った。一一月の終わりまでイギリスでクラスを開講して講義をおこない、それからニューヨークに帰って授業を再開した。このとき生徒たちは有能な速記者を雇い、スワーミーの言葉を記録した。クラスでの講義のリポートはすぐに本として刊行され、それらの本は公開講座のパンフレットとともに、アメリカでのスワーミー・ヴィヴェーカーナンダの不朽の仕事の記念として今も保存されている。のちにスワーミーのもっとも献身的な弟子の一人となった人物によって、彼の発言が非常に正確に書き写されたので、講義を実際に聴くという特典を得た我々は、それら印刷されたページから、スワーミーが生きてふたたびこの前で話しかけているように感じた。「教師」と生徒の仕事はともに純粋な愛の作業であったので、主の祝福が降り注いだのだ。

ニューヨーク
S・E・W
一九〇八年

師

一八九四年二月一四日、私の記憶の中で、神聖な日としてきわだつ日だ。それは私が初めて偉大な魂、霊性の巨人、スワーミー・ヴィヴェーカーナンダの姿を見、声を聞いた日だったからだ。二年後に彼が私を弟子として受け入れてくれたことは、私にとって大いなる歓びであり、終わることのない驚嘆だった。

彼はこの国の大都市で講演をしていた。この日が、デトロイトのユニタリアン教会での一連の講義の始まりだったのである。その大教会は満員となり、スワーミーは大喝采を受けた。彼が壇上に上がってやっと私は彼を見ることができた。その姿は堂々として威厳があり、生き生きとして力強く、群を抜いて気高かった。すばらしい第一声は音楽性に満ちて、時にはヨーロッパハープの悲しげな短調のメロディ、時には深く活気に満ちて鳴り響くメロディのようだった。そして壮大な数の聴衆が一人の人間となって呼吸している、と言っていいほどの沈黙と静けさがあった。

スワーミーは五件の公開講座を開いて聴衆を引きつけた。彼の講話には「師の手」による深い理解を基礎とした自信があった。彼の議論は論理的で人を納得させる力があり、彼の最も雄弁な飛翔《ひしょう》は、主たる核心、理解させたいと思う真理をけっして見失うことがなかった。

彼は大胆に本質に立ち向かった。しかし個人的なことでは人の過ちや欠点を追求せず、人類のすべてを受け入れ、苦しんでいる人たちをできるかぎり支えようとする偉大なハートの人がここに居る、と我々には分かった。事実、彼をさらに深く知ってみると、彼が可能なかぎりの許しを実践していることに気づかされた。自分の弱さという迷路から出て彼のところへ来た人びとを、なんという無限の愛と忍耐で導き、みずからのエゴから離れて神につながる道を指し示したことだろう。彼は悪意というものをまったく知らなかった。もし誰かが彼をののしったら、彼は思慮深い表情で「シヴァ、シヴァ」と繰り返し、それから晴れ晴れとした表情で、「まさに『最愛の人』の声だ」とやさしく言ったものだった。彼を愛している我々が憤慨すると、「とがめる者とがめられる者、そしてほめる者とほめられる者はひとつのものだと知ったら、そこに何の差異があるだろうか」と問いかけた。彼はまた、そのような状況のもとでシュリー・ラーマクリシュナは個人的な悪口や悪意にはまったくお気づきにならなかった、という話を聞かせてくれた。善と悪といった相対的なものは、すべて「最愛の母」から来るものだった。

数年のあいだに、私は彼を親しく知ることになったが、彼の性格に弱点を見つけたことは一度もなかった。彼は狭量な弱さを受け入れることができなかった。ヴィヴェーカーナンダに欠点があったとすれば、それは気前がよいことだった。そしてとても偉大であったが子供のように単純でもあった。裕福で地位の高い人びとのあいだでも、貧しい下層階級の人びとのあいだでも、同じように気楽で、ゆったりとしていた。

デトロイトに滞在中、彼はミセス・ジョン・J・バーグレイの家の客となった。彼女は前ミシガン州知事の未亡人で、すばらしい教養とまれに見る高い霊性をそなえていた。彼が客として滞在していた約四週間のあいだ、彼は言葉においても、行為においても、最高のものを表現するのに失敗したことはなかったし、彼の存在は「途切れることのない祝福」だったと私に話してくれた。ミセス・バーグレイのもとを去ったあと、ヴィヴェーカーナンダはホン・トーマス・W・パーマーの家で、客として二週間をすごした。パーマー氏はワールド・フェア・コミッション（世界博覧会実行委員会）の会長だった。彼は以前アメリカ合衆国のスペイン担当大臣やアメリカ上員議員を務めていた。この紳士は今も存命で八〇才を超えている。

私自身としても、私がヴィヴェーカーナンダを知ってから、彼は一度も人生とその目的の最高の姿を明らかにすることに失敗したことがない、と明言できる。

神に祝福された、最愛のスワーミージー、私は人がこんなにも純粋で汚れのないものになれるとは、考えたこともなかった。そのことは彼をほかの人たちから際立たせるものとしていた。彼は、たいへんはなやかで美しい女性を紹介されたが、単なる外見の美しさに彼が惹きつけられることはなかった。しかし彼は、「私はこの国の英明で知的な女性たちと議論することが好きです。私の国では女性はあまり世間に出てこないので、これは私にとって新鮮な経験です」とよく言っていた。

彼の態度は少年のように、率直で純真で快活だった。ある夕方のこと、深遠で感銘深い講話をして霊性の高みにのぼっていったあと、彼は、悩み深く悲しげともいえる表情で、階段の下に立っていた。人びとはショールなどをまとって階段をあがり下りしていた。突然、彼の顔が明るくなり、「わかった！階段をあがるときは男性が先に行き、下りるときは女性が先に行くんですね」と言ったのだ。自国でのしつけと同じで、エチケット違反は思いやりの違反だと感じたのだろう。

彼のライフワークの手伝いを申し出ている人たちについて話し合っていたとき、彼は、「手伝ってくださる人は心が清らかでなければなりません」と言った。期待をかけている弟子が一人いた。彼は、その人物の心の中に、偉大な放棄と自己犠牲の精神があることを見抜いていた。ある日、私が一人でいるとき、彼は彼女の生活や境遇について、たくさんの質問をしてきた。そして私がすべてに答えたあと、非常に満足そうに私を見て、「そして彼女は純粋で魂が清らかですね」と言った。私は「はい、スワーミー。彼女の心は完全に清らかです」と率直に答えた。顔が明るくなり、目には神聖な炎が輝いた。「私にはわかっていました。そう思っていました。カルカッタでの私の仕事を手伝ってもらわなければなりません」と熱狂的に言った。

それから彼はインドの女性の向上のための計画や希望について話してくれた。「彼女たちに必要なのは教育です。私たちはカルカッタに学校をつくらなければならないのです」と言った。少女たちのための学校はシスター・ニヴェディタによって設立され、先に述べた弟子は、サリーを着てカルカッタの町に住み、「母」の仕事に最善をつくして彼女とともに働いた。彼女はこれらすべての経験を私と分かち合い、我々はともに師の忠告を求め、指導を仰いだ。スワーミーはデトロイトでこの冬、「時の人」だった。世間の人びとは好意的で、彼は非常にもてはやされた。新聞は彼の一挙一動を記事にし、何を食べているか、ということまでを報道した。彼の朝食がコショウをたっぷりかけたバタートーストだということを重大な記事にする新聞もあった。手紙や招待状が殺到し、デトロイトはヴィヴェーカーナンダの足もとにひざまずいた。

　彼はいつもデトロイトを愛し、彼に示されたすべての親切と礼儀正しい好意に感謝した。その頃の我々には彼と個人的に会う機会はほとんどなかったが、どんなに困難なことがあっても、いつかどこかで彼に会おうと心に決め、彼の言葉すべてを心の中で熟考していた。ほとんど二年近くは彼のゆくえを完全に見失っていた。たぶんインドに帰ったのだろうと思っていた。がある日の午後、彼がまだこの国に居て、その夏をサウザンド・アイランド・パークで過ごしていることを知った。翌朝、我々は彼を探しだして教えを求める決心をした。

　捜索に疲れ果てた後、ついに我々は彼を見つけた。そして、このような形で彼のプライバシーに侵入する自分たちの厚かましさに非常に戸惑いながらも彼を訪ねた。彼は我々の魂に決して消せない火をともしてくれた。このすばらしい人物とその教えをもっとたくさん知らなければならない、という思いでここまで来たのだ。暗い雨の夜だった。長旅で疲れていたが、彼の顔を見るまでは休憩をとることはできなかった。彼は我々を受け入れてくれるだろうか、もし受け入れてくれなかったらどうすればいいのだろうか。我々の存在すら知らない相手を数百キロも探しに行く、などということは馬鹿げた行為だったのかもしれない、そんな思いが突然うかんだ。しかし我々は、道案内に雇った男がかざすランタンの明かりをたよりに、雨の暗やみをトボトボと丘に向かって歩いて行ったのだ。後年このことにふれ、我々のグルは、「私を探して何百キロも旅した私の弟子たち、彼らは雨の中をやって来た」と言っていた。私は彼に会ったら何と言おうかと考えていた。だが実際に会ったとたん、用意していた立派なスピーチはすべて忘れて、「私たちはデトロイトから来ました。ミセス・Pが送り出してくれました」と言うのが精一杯だった。ほかの一人が、「もしキリストがまだ地上にいたら、私たちをお導きくださいとたのみに行ったでしょう。それと同じ気持ちであなたのところに来ました」と言った。とてもやさしくわれわれを見ながら彼は、「もし皆さんを今すぐ束縛から開放する力を持ってさえいたらねぇ」とおだやかに言ってくれた。しばらくは考えて思慮深そうに立っていた。それからそばに立っていた女主人に向き直って、「この人たちはデトロイトから来ました。どうぞ二階の部屋を見せて、今晩私たちとともに過ごすことを許してください」と言った。師の話を夜がふけるまで聞いた。彼はそれ以上我々に注意を向けなかったが、全員がお休みなさいの挨拶をしたとき、翌朝九時に来るようにと言った。翌朝ちょうど九時に部屋に行くと、とても喜ばしいことに、師は我々を受け入れ、この家のメンバーになるようにと心から勧めてくれた。

ここでの生活については他の弟子が十分に書いているので、私はそれが、最も祝福に満ちた夏だった、とだけ言っておこう。そのときのような師を、私は今まで見たことがない。彼は彼を愛する人びとのなかで、最高の状態にあった。

メンバーは一二人いた。まるでペンテコステ(精霊降臨)の火が降りてきて師に触れているようだった。ある日の午後、彼は、放棄のすばらしさとゲルアの衣を着た人びと(出家者)の歓びと自由について話していた。そのとき突然、彼はその場を離れて短時間のうちに、犠牲と放棄の情熱をうたった「サンニャーシンの歌」を書きあげた。この時期私にとって最も印象的だったのは、彼の無限の忍耐と優しさだ。我々のほとんどが彼より年上だったが、まるで子供にたいする父のような忍耐と優しさで接してくれた。ある朝の講義のあと、彼はまるで「無限」の顔を凝視しているように見えた。その後、教室を出て行き、またすぐに戻ってきて、「これから皆さんにごちそうをつくりましょう」と言った。そしてなんとも根気強くレンジの前に立ち、ちょっとしたインド料理をつくってくれた。我々と共にデトロイトにいた最後のときも、彼は最高においしいカレーをつくった。弟子たちへのなんという授業だったことだろう——輝かしく偉大で博学なヴィヴェーカーナンダが弟子たちの小さな欲求に仕えていたとは！　その時期、彼は非常におだやかで慈悲深かった。なんと神聖で愛情のこもった思い出を残してくれたのだろう！

ある日ヴィヴェーカーナンダは、人生で一番心に残っている物語について話してくれた。それは子供の頃、彼の乳母が繰り返し話してくれたもので、何度聞いてもけっして退屈することがなかったという。できるだけ話した言葉に近い形で書いてみよう。

あるブラーミンが妻とまだとても幼い息子を残して亡くなり、その未亡人は非常に貧乏でした。少年はブラーミンの息子だったので教育を受けるべきでしたが、どうすればよかったでしょう？　その貧しい未亡人が住んでいた村には先生がいませんでした。だからその少年は教えを受けるために隣村まで行かなければなりませんでしたが、お母さんはとても貧しかったので、彼は歩いて行かなければならなかったのです。二つの村のあいだには小さな森があり、その少年はそこを通り抜けなければなりませんでした。インドのような暑い国では、授業は早朝と夕方に行われます。日中の暑い時間にはすべての作業が中断します。そのため、その小さな子が学校へ行くのも学校から帰るのも、いつも暗い時間でした。私の国では宗教の勉強は貧しい者には無料で教えられます。だからその小さな少年は授業料をはらわずに先生のところに通うことができましたが、彼はその森を一人ぼっちで歩いて行かなければならず、とても怖い思いをしていました。彼はお母さんのところに行って、「ぼくはいつもあの怖い森に一人で行くので、とても恐ろしいのです。他の子たちは召し使いといっしょで、世話をしてもらっています。どうしてぼくには一緒に来る召し使いがいないのですか?」と言いました。母親は「ああ悲しい! 私はとても貧乏なので、おまえに召し使いをつけてあげることができないのよ」と答えました。「じゃあどうすればいいの?」とその子はたずねました。「こうしてごらんなさい。森にはおまえの羊飼いのお兄さんの『クリシュナ〔1〕』がいます。彼を呼びなさい、そうしたら彼が来ておまえの世話をしてくれるでしょう。お前は一人ぼっちではないのですよ」と母親は言いました。そこで翌日、少年は森に入って行き、「羊飼いのお兄さん、羊飼いのお兄さん、いますか?」と呼びかけました。「うん、私はここにいるよ」という声が聞こえたので、少年は元気づけられ、もう怖くなくなりました。やがて彼は、同じ年頃の少年の姿で森の中から出てきていっしょに遊んだり歩いたりしてくれたので、その小さな少年は幸せでした。しばらくして、先生のお父さんが亡くなり、立派な葬儀が行われました。(インドではそのような場合によく行われる儀式)その時、おおぜいの生徒たちが自分たちの先生に贈り物をしました。その貧しい少年もお母さんのところに行って他の生徒たちのような贈り物を買ってほしいとたのみました。しかしお母さんはとても貧しいので買えないと言いました。少年は泣きながら「どうすればいいの？」と言いました。お母さんは「羊飼いのお兄さんのところに行ってたのんでみなさい」と言いました。そこで彼は森へ行って「羊飼いのお兄さん、羊飼いのお兄さん、ぼくの先生にあげる贈り物をくださいませんか？」と呼びかけました。すると彼の前に小さなミルク差しが現れました。少年はそのツボを喜んで受け取って、先生の家に行き、召し使いがそれを受け取りにくるのを家のすみで待っていました。しかし他の人たちの贈り物があまりにも立派ですばらしいので、召し使いは彼に気がつきませんでした。そこで少年は「先生、贈り物を持ってきました」と話しかけました。それでも誰も彼の方を見ようとしませんでした。少年はすみの方から「先生、ここに贈り物があります」と言いました。先生はその場を見わたして、つまらない小さな贈り物を見て、あざ笑いましたが、召し使いに「この子は大騒ぎしてうるさいから容器を受け取ってコップにミルクを注いで、それから帰らせろ」と言いました。そこで召し使いは容器を取ってコップにミルクを注ぎました。するとミルクを注いだとたん、容器はまたちょうど前と同じようにいっぱいになり、空になることはありませんでした。皆おどろいて「これはどうしたことだ？　おまえはどこでこの容器を手に入れたのだ？」とたずねました。その小さな少年は「羊飼いのお兄さんが森でくれたんです」と言いました。皆「なんだと！」と叫びました。「おまえは『クリシュナ』に会って、彼がおまえにこれをくれたのか？」「はい」と彼は言いました。「それに彼は毎日ぼくと遊んでくれるし、学校に行くときは一緒について来てくれます」皆は驚いて「なんだと！　おまえは『クリシュナ』と歩くのか！『クリシュナ』と遊ぶのか！」と叫びました。そして先生が「おまえは私を連れて行って、このこと

いまし た「はい、できます。ぼくについて来てください」と言いました。それから少年と先生は森の中に入って行き、少年はいつものように呼びはじめました「羊飼いのお兄さん、羊飼いのお兄さん、ぼくの先生があなたに会いにきました。どこにいるのですか？」しかし答えはありませんでした。少年は何度も何度も呼びましたが、答えはありません。ついに少年は泣きだし「羊飼いのお兄さん、どうぞ来てください、さもないと先生はぼくのことをうそつきだと言うでしょう」すると、はるか遠くから「おまえは清らかで、もう解脱の時が来ているから、私はおまえの前に現れた。しかしおまえの先生は私を見る前に何回も何回も生まれ変わらなければならないのだ」という声がきこえました。

［1］「クリシュナ」はインドでは羊飼いの神として知られている。

サウザンド・アイランド・パークでの夏が終わり、ヴィヴェーカーナンダはイギリスに向けて出航した。そして翌年（一八九六年）春に二週間、デトロイトに戻ってきた。私は久しぶりに彼を見た。彼はグッドウィンという忠実な速記者を同伴していた。彼らはリシェールという小さなファミリーホテルに一続きの部屋を借りて、広い客間をクラスのために使った。その部屋は大勢の人たちを入れるには十分ではなかったので、残念なことに中に入れない人がたくさんいた。そこは廊下と階段室と図書室を兼ねていたので実に部屋中が満員状態だったのだ。当時彼はバクティに満ちていた——神への愛に飢え渇いていた。彼のハートは「最愛の母」への憧れではち切れんばかりで一種の神聖な狂気に占有されていた。

デトロイトで彼が最後に人びとの前に現れたのは、ベス・EL寺院（ユダヤ教の寺）である。そこの指導者、ラビ・ルイス・グロスマンはスワーミーの熱烈な崇拝者だった。日曜の夕方で、あまりにも多くの人びとが集まったので、パニックになるのが心配された。切れ目のない行列が通りの外まで続き、数百人が入場できなかった。ヴィヴェーカーナンダは大聴衆を魅了した。演説の議題は、「西洋へのインドのメッセージ」と「普遍的宗教の理想」だった。彼の講演は最高に輝かしく見事だった。私はその夜のような師を今まで見たことがない。彼の美しさはこの世のものとは思えないほどだった。まるで精神が肉体という束縛を突き破っているように見えた。そして私が終わりの前兆を初めて感じたのはその時だった。彼は長年の働き過ぎのせいでとても消耗しており、この世にいるのはそう長くないように見えた。私はそのことから目をそらそうとしたが、心の中では真実が分かっていた。彼は休息を必要としていたが、それでも働き続けなければならない、と感じているようだった。

次に彼を見たのは、一八九九年の七月だった。彼の健康状態は非常に悪かったが、ゆっくりした船旅が身体によいだろうという勧めで、蒸気船ゴルコンダ号でカルカッタからイギリスへの船旅に出た。彼が驚いたことには、船がロンドンに着いたとき、イギリス人の弟子二人がティルバリー・ドックスの港で彼を待っていたことだ。彼の健康状態についての情報を見て心配していた我々は、その船が何月何日につくという記事がインドの雑誌に出たのを見て、船着き場へ急行したのだ。

彼はとてもやせて少年のように見えたが、この船旅が昔の力強さと活力を取り戻させてくれた、ととても喜んでいた。シスター・ニヴェディタとスワーミー・トゥリーヤーナンダがイギリスまで同行していた。二人のスワーミーのための宿舎として、ロンドンからほど近いウィンブルドンに広びろした古風な家が借りられた。そこはとても落ちついた閑静な住まいで、我々は幸せな一ヵ月をすごした。

その時スワーミーは公的な仕事はしなかった。そしてすぐにスワーミー・トゥリーヤーナンダやアメリカ人の友人とともにアメリカへ向かって船出した。海の上での一〇日間は決して忘れることのできない日々だった。毎朝のギーターのリーディングと解説、そして詩や物語のサンスクリット語からの翻訳、また古いヴェーダの賛歌の朗唱。海はおだやかで、夜になるとうっとりするような月光があたりを照らした。すべてがすばらしかった。師は月光の下、堂々とした姿でゆっくりとデッキを行き来し、時折り立ち止まっては自然の美しさについて話した。「この『マーヤー』全体がこんなに美しいのなら、その背後に在る『実在』の美しさは驚くべきものだろうということを考えてごらんなさい」と彼は叫んだ。

あるすばらしい夜のこと、月は満ち、柔らかな金色に輝き、神秘と魅惑に満ちた光景の中で、しばらくその景色を楽しみながら黙って彼は立っていた。そして突然我々の方を向いて海と空を指さしながら、「まさにここに詩そのものがあるというのに、なぜ詩の暗唱などする必要があるだろうか？」と言った。

グルとの祝福に満ちた濃密な一〇日間を感謝してもしきれないと感じながら、その旅はまたたく間に終わり、ニューヨークに着いた。次に彼を見たのは一九〇〇年七月四日、彼が友人たちとともにデトロイトへの小旅行をしたときだった。

彼はとてもやせ細り、まるで空気のようだった——偉大な魂は土塊《つちくれ》の中にそう長く閉じ込めておくことはできない。我々はかなわぬ望みを願い、悲しい現実から目をそらした。私はふたたび彼に会うことはなかったが、「その他の弟子」は彼が永遠に私たちのもとを去る前に、インドで数週間彼とともにいることを許された。そのときのことを考えるのは耐えられない。その悲しみと落胆は、すべて今も私の中にとどまっているが、すべての苦痛と悲しみの裏に大きな静けさ、偉大な魂が地上に来て人びとに「道と真理と人生」を示したという、甘美で祝福に満ちた気づきが深く沈潜している。彼の教えの中に、日々新しい美と深い意味を見いだし、私がそのような人物の影響を受けることを許されたと悟るとき、「汝《なんじ》の足から靴をとれ、なぜなら汝《なんじ》の立つ場所は神聖であるから」という声が聞こえてくるのを確信できる。私はそれを瞑想する。

M・C・F
デトロイト、ミシガン
一九〇八年

ノート（メモ）

午前の講話のときにはメモをとることができ、以下のメモも、そのような際に記録されたものだ。私たちが質問すると、スワーミーは、質問が示す問題に十分な説明をするよう求めてきたので、それらは自然と若干まとまりのないものになった。だからこれらのメモは、通常の講義のノートとはまったく異なる、気楽な講話のごく短い記録である。速記ではなく、普通の書き方でとられたもの（単に個人的な目的）で、大部分は書きとめに失敗していると言われた。しかしそのような不完全さが独自の価値を持っていたし、スワーミーを愛し彼を知る人びとに、彼自身の言葉である、という価値をつけ加えていた。指導自体は必ずしも大きく異なることはなかったが、その表現は、現在、最愛の先生の言葉を印刷されたもので見るのとは違う、新鮮なものだ。

偉大で立派な人の愛に満ちた思い出、そして、彼と過ごしたたくさんの幸せな時間の記憶の中での彼の教えのごく一部が、今、公開されようとしている。彼が深く崇拝し、絶えず私たちに指し示してくれた主が、霊感に満ちた彼の言葉を祝福して下さいますように。そしてスワーミーがいつも私たちに表せ、と力説していた神聖な愛で、私たちのハートを満たして下さいますように。

S・E・W

インスパイアード・トーク

グロテスクなトラの頭のような形の噴出口を通ってテラスから流れ出る雨水は、動物の口を通ってくるように見えますが、本当は空から降っています。信心深い人の口から出てくる神聖な教えは、彼らが話をしているように見えますが、実際は、神ご自身から来ています。

——シュリー・ラーマクリシュナ

一八九五年六月一九日（水曜日）

（この日は、スワーミー・ヴィヴェーカーナンダが、サウザンド・アイランド・パークにおいて弟子たちに、毎日の日課として教えを授けはじめられた記念の日である。師の心はつねにご自身のその役割のことにあったので、私たち全員が揃ってはいなかったが、そこにいた三、四人の者たちから、ただちに教えを授けはじめたのだった。この最初の朝は聖書を手にしてやって来て、私たちが皆キリスト教徒なので、キリスト教の聖典からはじめるのが適当だろう、と言ってヨハネによる福音書をひもとかれた）

「初めに言《ことば》があった。言《ことば》は神とともにあった。言《ことば》は神であった」

ヒンドゥ教がこのことをマーヤー、神のあらわれと呼んでいるのは、それが神の力［1］であるからだ。宇宙をとおして反映している絶対なるもの、それをわたしたちは、自然と呼ぶ。その言《ことば》にはふたつのあらわれがある——自然のなかに普遍にあるものと、神の偉大な化身——クリシュナ、ブッダ、イエス、ラーマクリシュナ——のような、特別なあらわれである。キリストは絶対なるものの特別なあらわれだが、それは、知られ、そして知られることのできるものである。絶対なるものは知られることはできない。私たちは父を知ることはできない、ただその息子だけを知ることができるのだ。私たちは「人間の色合いをしたもの」、すなわちキリストをとおしてのみ絶対者を見ることができるのである。

［1］マーヤー、神の実体と計画を隠すためにあらわれるシャクティ、または神の力、名と形からなる相対的宇宙。

ヨハネによる福音書のはじめの五節には、キリスト教のすべての本質がある。節それぞれがもっとも深い哲学に満ちている。

完全なものはけっして不完全なものにはならない。それは暗闇の中にあっても、暗闇による影響はうけない。神の慈悲はすべてに行き渡り、邪悪さによって影響されることはない。ものがゆがんで見えるいかなる目の病気によっても、太陽そのものは何も影響をうけない。第二九節の「世の罪をとり除く」とは、キリストが完全に至る道を私たちに示そうとしておられることを意味している。神は真の性質、すなわち私たちもまた神である、ということを人に示すためにキリストとなられたのだ。私たちは、神性に覆いをかぶせてしまった人間である。しかしキリストと私たちは、神性なる人として、一つなのである。

三位一体論によるキリストは、私たちのはるか上に高められている。ユニテリアン派（一神論者）のキリストは、単に道徳的な人にすぎない。そしてそのどちらも、私たちを助けることはできないのだ。神の化身であり、彼の神性を忘れることのないキリスト、そのキリストが私たちを助けることができる。彼のなかには不完全さというものが一つもない。これら化身たちは、つねに自分の内なる神性を意識している。彼らは生まれたときからそのことを知っている。彼らは劇を終えた俳優のようで、仕事が終わったあと、他の人たちを喜ばせるためにふたたびまた戻ってくるのである。これら偉大な人たちは、地上の何ものも彼らを損なうことはできない。彼らは私たちに教えるために、しばらくの間、私たちのすがたと私たちの限界をとる。しかし真実において、けっして彼らに限界はなく、彼らは永遠に自由なのである。

＊　＊　＊

善は真実の近くにあるが、それでも真実とは異なる。悪によってかき乱されないことを学んだあとは、善によっても幸せになれないことを学ばなければならない。私たちは善と悪の両方を超えている、ということを見いださなくてはならないのだ。どのようにつり合いをとるかを学ぶために、それらの両方が必要なのだということを、私たちは理解しなくてはならないのである。

二元性の考えは古代のペルシャ人からきている［2］。実は、善と悪とは一つのもので［3］、それらは私たち自身の心の中にある。心がつり合いをとったとき、そのときには私たちは善にも悪にも影響されることはない。完全に自由であれ。そのときには何ものも影響することはできず、そして私たちは自由と至福を楽しむのである。悪は鉄の鎖であり、善は金の鎖である。その両方ともが鎖なのだ。自由であれ。あなたにとって鎖など存在しないと、すべてにおいて知るのだ。鉄の鎖から手をはなし、金の鎖をつかみ、それから両方を投げ捨てよ。悪というイバラが私たちの肉体のなかにある。藪《やぶ》の中からもう一つのイバラを取り、はじめのイバラを抜き取れ。それから両方のイバラを投げ捨て、そして、自由であるのだ。

［2］ペルシャ人たちはゾロアスター教の信奉者であり、創造のすべては善の原理（Ahura-Mazda）と悪の原理（Ahriman）と呼ばれている二つの根本原理から生じたと教えられた。

［3］なぜなら、それらは両方とも、相対的な世界につなぐ鎖であって、マーヤーが生み出したものだからである。

この世においてはつねに与え手の立場をとりなさい。すべてを与え、見返りを求めないでおくこと。愛を与え、援助を与え、奉仕をし、あなたのできるどのような小さなことも与え、しかし取り引きするのではなく、条件があってはならず、押しつけられる誰も持たずにいなさい。ちょうど、神が私たちにお与えになっているように、気前よく私たち自身を明け渡してしまおう。主は与え手であり、世界のすべての人びとはただの商売人である。彼の小切手を受け取れば、それはあらゆるところで栄光をうけるにちがいないのだ。

神は、説明することができず、言い表すことのできない愛の本質である——知られることはできるが、しかし、定義はできないのである。

＊　＊　＊

私たちに苦悩と格闘が続くと、世界はとてもひどいところのように見えてくる。でも、ちょうど二匹の子犬が戯《たわむ》れ噛《か》みあっているのを見ているときのように、それはただの戯れでしかないと悟らなくてはならないし、ときどきかぶりつき合うことがあっても、実際には傷つけ合っているのではないこと、すべての格闘は神の目には、単なる遊びにしかすぎないということを悟らなくてはならない。この世界はすべてが戯れで、神を楽しませているだけのものなのだ。何ものも神を怒らせることなどできない。

＊　＊　＊

『母』よ！　人生という海の中、私の帆船は沈みかけ、幻想の旋風と執着の嵐が刻々とさしせまってきています。

私の五つのこぎ手（感覚器官）は愚かで、舵手《だしゅ》（心）も弱く、方角もわからず、船は沈みそうです。

おお、『母』よ！　この私をお救いくださらんことを！」


『母』よ、あなたの光は聖者にも罪人にもとどまることなく、それは愛すべき人にも殺人者にも生命を吹き込む」「母」はあらゆるものをとおし、つねにあらわれておられる。光は、照らしているものによって汚されることはなく、またそれによって得ることもない。光は永遠にきよらかで、永遠に不変なものであり。あらゆる生類の背後には、きよらかで美しく、けっして変わることのない、「母」がおられる。『母』よ、あらゆる存在の中に光としてあらわれているお方。そのあなたにわれわれはひれ伏します」彼女は苦悩のなかにも、空腹のなかにも、喜びの中にも、荘厳さのなかにも、すべてに等しくおられる。「ミツバチが蜜を吸うとき、それは、主がそれを食べておられるのである」主はあらゆるところにましますということを知って、聖者は称賛することも非難することもやめる。何ものもあなたを傷つけることはできないと知るのだ。ではどのようにして？　あなたは自由ではないのか？　あなたはアートマンではないのか？　彼は、この私たちが耳で聞くもの、目で見るもの、私たちの生命の生命である。

警官に追われる人のようにこの世を通り抜け、その美しさをもっともはっきりとかいま見るのだ。

私たちにつきまとう恐れのすべては、物質を信じるところからきている。物質とは、その背後に心が存在することでその全存在を得ているものである。私たちが見ているもの、それは、自然［4］のなかに浸透している神なのである。

［4］ここでの自然とは、物質と心とを意味している。

六月二三日（日曜日）

勇敢であれ、そして誠実であれ。信仰をもってどのような道でもたどって行くなら、必ずや主に到達するであろう。いちど鎖の中の一つの輪をとらえれば、しだいに鎖全体が引き寄せられるに違いない。木の根に水をやりなさい――それは、主に達することであり――そうすれば木全体に水は行き渡っていく。主を得れば、私たちはすべてを得る。

かたよった考えは世界の破滅のもとである。多様な考えを知れば、この宇宙の多様な見方が身につく。そしてバクタ（信仰者）として、ギャーニ（哲学者）として、またはその他のあらゆる見方をとおして宇宙を楽しむことができる。あなた自身の性質を見極め、あくまでもやり通すのだ。ニシュター（一つの理想への献身）は初心者にとっては唯一の方法である。そこに信仰と誠実さがあれば、それがすべてへ導いていくであろう。教会、教義、形式などはか弱い草木を守るための垣根ともいえるが、その草木が木になるためには、のちにそれらは壊されなくてはならない。同じように、あらゆる宗教、聖書、ヴェーダ、教理なども、すべては小さな草木のためのただの植木鉢でしかない。やがてそれは鉢から出さなくてはならないのである。ニシュターとはある意味で、その道で葛藤《かっとう》する魂を保護するために、鉢の中にその草木を植えることである。

＊　＊　＊

波ではなく海を見よ。アリと天使の間には何の違いもないことを見るのだ。ミミズの一匹一匹がナザレの人、キリストの兄弟である。どうして一方が他方よりえらいと言えよう。それぞれの人が、それぞれの場所において、偉大なのである。私たちはここにいるのと同じく、太陽のなかにも、星々の中にもいるのだ。魂は空間と時を越え、いたるところにある。主を褒めたたえるあらゆる口は私の口であり、眺めているすべての目は私の目である。私たちはどこにも制限されない。私たちが肉体なのではなく、宇宙が私たちの肉体なのだ。私たちは魔法のつえを振り、思うままに目の前に状況をつくりだしている魔法使いなのである。

私たちはさまざまな糸をつたって、欲するどこへでも行くことのできる、巨大な巣の中のクモだ。クモは今自分がいるところにだけ意識をおいているが、時がくれば、巣全体に意識をはりめぐらすこともあるだろう。私たちは今、肉体のあるところにだけ意識があり、たった一つの脳を使うことができるだけだが、私たちが超意識に達すればすべてを知り、あらゆる脳をつかうことができるのだ。今の瞬間でさえも、私たちは意識を「一押し」することができるのであり、すると意識を超え、超意識のなかで行為をするようになるのだ。

私たちは永遠に存在する自己として生きるために努力をしているのだ。それ以上には何もなく、「わたし」さえもなくなる。ちょうど純粋な水晶のように、すべてを反映しているのだけれども永遠におなじ、なのである。その状態に達したとき、もはや「努力する」ということはなく、肉体は単なる機械となる。純粋になろうとしなくても純粋である。不浄にはなりえない。

あなたは無限である、と知りなさい。そのとき恐れは消えうせる。つねに「私と私の父は一つである」と言うのだ。

＊　＊　＊

時がくれば、木になるブドウの房のように、大勢のキリストがあらわれるだろう。そのとき劇は終わり、幕は閉じられる――やかんの水を沸かせば、はじめは一つの泡が見られ、そしてもう一つの泡が、それからもっと、もっと、というように全部が沸騰して蒸気となって散ってしまうまで――ブッダやキリストは、今までに世界が創造した、もっとも大きな二つの「泡」であった。モーゼは小さな泡であった。より大きい泡がつぎつぎと出てきた。いつの日か誰もがみな泡となり蒸気となって解脱する。そして新しいまったくそっくりの過程をふたたび経るために、つねに、創造に新しい水がもたらされるのである。

六月二四日（月曜日）

（今日読むところは、ナーラダによるバクティ・スートラからである）

「神への熱烈な愛、それがバクティである。そして、この愛こそ真に不滅の存在であり、それに到達すれば、人は完全に満ち足りる。何かを失ったからといって嘆くこともなく、けっして嫉妬しない。そのような境地に至ると、人は狂人のようになる」

わたしの師はよく言ったものである、「この世界は、すべての人が狂っている大きな精神病院だ。ある人はお金に、ある人は女に、ある人は名と栄誉に狂い、そしてほんのわずかの人が神に狂っている。私はむしろ神に狂うことを好む。神は、私たちをただちに金《きん》に変える。哲学者の石である。形は残るが、性質は変えられる。人間の姿であり続けはするが、もはや私たちは他人を傷つけることも罪を犯すこともできなくなる」

「神のことを思って、ある者は泣き、ある者は歌い、ある者は笑い、ある者は踊り、ある者はすばらしいことを言い、そして、神のこと以外、何も話さない」

預言者は説教をするが、イエスやブッダ、ラーマクリシュナのような化身たち、彼らは宗教を与えることができる。一べつで、一触れで、十分に。それは聖霊の力であり、「手を触れて祝福すること」である。その力は実際には師によって弟子へと伝えられていくもの――「グルの力の鎖」なのである。真実の洗礼といえるこのグルとのつながりは、はかり知れない年月の間に受け継がれてきたものだ。

「バクティで世間的な欲望を満足させることはできない。バクティはそれらの欲望を抑制するものだからである」ナーラダは、バクティの愛の特徴を次のように表現している。「すべての考え、すべての言葉、すべての行為が主に捧げられ、少しでも主を忘れると強烈な悲しみを感じるとき、そのときに愛ははじまるのである」

「これが愛の最高の形である。なぜなら人間的な愛のなかに見られる願望、おたがいの利益を目的とした願望がそこにはないからである」

「社会的慣例、聖典による慣例を超えていった人、その人がサンニャーシンである。魂のすべてを神のもとへ持っていき、神にのみ避難を求めるとき、私たちはこの最高の愛がまさに現実のものになると感じることができる」

聖典の言葉に頼らなくても正しい行いができるほど強くなるまでは、聖典に従いなさい。やがてそれらを超えていくのだ。本は究極のものではない。宗教の真実性はみずからの心が悟ることでのみ、証明される。それぞれの人が、自分自身のために実証しなくてはならないのだ。「私は真理を見たが、あなたに真理を見ることはできない」などと言う師は信用すべきでない。「あなたもまた見ることができる」と言う師だけを信じるべきである。すべての聖典、すべての真実は、あらゆる国において、いつにおいてもヴェーダと言えるのだ。というのも、これらの真実は見ることができるものであり、誰もがそれを見いだせるものだからである。

「愛の太陽が地平線に昇りはじめると、私たちはすべての行為を神に捧げたいという強い思いに駆られる。そして、私たちが一瞬でも彼を忘れるそのとき、それは非常な悲しみをもたらすのである」

あなたの神への愛と、神との間には、何も立ちはだかることのないようにしようではないか。神を愛して、愛して、愛しなさい。そして世間には言いたいように言わせておきなさい。愛には三つの種類がある。一つは要求して何も与えない愛であり、次は見返りを求める愛であり、そして三つ目は光に集まる蛾《が》のような愛、見返りという思いのない愛なのである。

「愛は、働きよりも、ヨーガよりも、知識よりも崇高である」

働くとは、その行為者にとって、単に自分を高めるための訓練でしかなく、それをもって他の人びとに善をなすことはできない。私たちは自分の問題を解決するために働かなければならず、預言者たちだけがどのように働けばよいのかを示すことができるのだ。「あなたの思うものにあなたはなる」だから、もしあなたが心の重荷をイエスに投ずるなら、あなたは彼のことを絶えず考えることになるだろう。そうすればあなたはイエスのようになり、イエスを愛するようになる。

「神への熱狂的な愛と最高の知識とは一つである」

しかし神についての理論立ては何の役にも立たない。私たちは愛さなくてはならないし、働かなくてはならないのだ。世間や世俗的なことの、すべてを放棄しなさい。神への思いの「草木」がか弱いあいだは、特にそのようにすべきである。できる限り、昼も夜も、ほかのことはなにも考えず、神のことのみを思うのだ。日々の必要な考え、それはすべて神をとおして考えることができる。彼のために食べ、彼のために飲み、彼のために寝、すべての中に彼を見る。人びとには神について話す、そしてこれが、もっともためになることなのである。

神と、彼のもっとも偉大な子たちの慈悲を得る、これらが神に至るための主な二つの道である。この光の子たちとの交流、それはたいへん得がたいものである。たった五分間の彼らとの交流が、全人生を変えることだろう。そしてもし、あなたがそれを心の奥より真剣に望むならば、その人はあなたの元へとやってくるだろう。神を愛する人びとの存在はその場所を聖なるものとし、「そのようなこと、それが主の子たちの栄光なのである」彼らは神と一体であり、彼らが話をするとき、彼らの言葉は聖典となるのだ。彼らのいた場所は、彼らの波動で満たされ、そしてそこへ行く人びともそれを感じて、聖なるものとなる傾向をもつ。

「神を愛するこのような人びとにとって、階級や学識、美しさや生まれ、財産、職業などという差はない。すべてが神のものなのである」

特にはじめのうちは、すべての悪との交流を止めなさい。あなたの心を散らせる世俗的な交流は避け、「私と私のもの」という考えをすべて捨てるのだ。この宇宙に何も持つことのない人のところへ主はやってこられる。すべての世俗的愛情という束縛を絶ちなさい。怠惰を克服し、この先自分がどうなるのかというすべての不安を超えていくのだ。あなたのやってきたことの結果をけっしてふり返ってはいけない。主にすべてを与え、働き続け、そしてそれについて考えないこと。魂全体が神への絶え間ない流れのなかに注がれれば、そこには、お金や名声や名誉を求める時間もなければ、神のこと以外、なにを考えるという時間もない。そのとき私たちの心には、あの無限ですばらしい愛の至福がもたらされるであろう。すべての願望はガラスでできた数珠玉にしかすぎない。神の愛は瞬間瞬間に増大し、永遠に新しく、それは感じることによってのみ、知ることができる。愛の道は修行の中で一番容易である。理論を必要とせず、人間性に即したものだからである。それには論証も証拠もいらない。推論とは私たち自身の心によって、なにかを限定していることである。私たちは網を投げかけ、何かを捕まえて、そしてそれを論証と言う。しかし、けっしてけっして、私たちは神を網で捕らえることなど、できはしないのである。

愛は、いかなるものにも関連づけられるべきではない。たとえ私たちが愛し方を間違ったとしても、そこには真実の愛があり、真実の至福がある。私たちがどのようにそれを使おうと、愛の力はおなじなのである。愛の性質、それは平安と至福である。殺人者が自分の赤ん坊にキスするときには、つかの間でも、愛以外のすべてのことは忘れている。自分のすべてと、すべての自己中心性を捨ててしまいなさい。怒りや欲望から脱出し、すべてを神に捧げきってしまうのだ。「私ではなく、あなたです。以前の私は消えさりました。ただあなただけがいらっしゃるのです」、「私はあなたです」誰をも非難してはいけない。もし悪がやってきたなら、主があなたと戯れておられると知って、大いに喜びなさい。愛は、時と空間を越えている。それは唯一にして、絶対的なるものなのである。

六月二五日（火曜日）

幸せがやってくるたび、そのあとには悲しみがやってくる。それは、ずっと後になってからかもしれないし、すぐにやってくるかもしれない。より進歩した魂においては、より速やかに、一つが他へと続いていく。私たちが欲しているもの、それは幸せでもなければ不幸でもない。両方ともが私たちの真実の性質を忘れさせる。両方とも鎖であり、一つは鉄でできており、もう一つは金でできている。そしてその二つの背後には、幸せも苦しみも知らないアートマンがある。幸、不幸は心の状態であって、心の状態はつねに変わる。しかし魂の性質は、至福であり、平安であり、不変である。私たちはそれを、得なくてはならないのではなく、実はすでに持っているのだ。その表面についた埃《ほこり》や垢《あか》を洗い落とし、本来の魂をただ見るだけでよい。

自我を超えたところに立つのだ、そのときはじめて、真に世界を愛することができる。もっと、もっと高い、高い土台に立つのだ。宇宙の性質を深く知って、世界の全景を完全な静けさで見なければならない。その世界は赤ん坊のほんのお遊びで、実際にはそれによって私たちが妨げられることは何もない、ということを知るのだ。もしも、心が賞賛を受けて喜ぶというなら、それは非難を受けたら不機嫌にもなるということだ。すべての感覚の喜びや、心の喜びさえもつかの間のものである。しかしながら私たちの内には、そうした喜びとは無関係の、なににも依存しない、一つの真実がある。それは、完全な自由であり、至福である。内にある至福を楽しめば楽しむほど、私たちはより霊的になれるのだ。自己の喜び、それが、宗教といわれるものなのである。

真実の投影にすぎない影のような外界に比べれば、内なる宇宙、真実は、無限に広大なものである。この世界は真実でもなければ、虚偽でもない。それは、真実の影である。それは、空想――真実の飾られた影――であると詩人は言う。

私たちは創造のなかへと入って行く、するとそれは、私たちにとって生きたものとなる。物事は、それら自身のなかでは死んでいる。ただ私たちだけがそれらに命を吹き込み、そして愚か者のようにそれにこだわって、それらを恐れたり、楽しんだりしているのだ。しかし、市場から家へ帰る途中に嵐にあい花屋の家に避難した、あの魚売りの女のようであってはならない。彼女たちは、花の香りがたちこめた庭のすぐかたわらで夜を明かした。眠ろうとしたが花のにおいで眠れないため、仲間のひとりが、自分たちの魚のカゴをぬらして枕元に置けばよいと言った。魚の臭いを嗅ぐやいなや、彼女たちはみな熟睡した。

世界は私たちの魚カゴである。私たちは享楽のためにそれに頼ってはならない。何かをしている人びとはターマシカであり、束縛されている。そしてラージャシカ、いつも「私が、私が」と言っている自己中心的な人びとがいる。彼らはときどきよい仕事をし、霊的になるかもしれない。しかしもっとも高いのは、サーットウィカ、ただ真の自己のみを愛する内観的な人びとである。これら三つの性質、タマス（無為、安逸）、ラジャス（活動、活発さ）、サットワ（瞑想的、精神性）はすべての人の中にあり、時に応じてその一つが優勢となる。

創造とはなにかを「創ること」ではなく、それは、水おけの底に投げられたコルクの小片が、一つまたは一群となって水面に勢いよく浮かんでくるように、平衡を取り戻す努力をすることなのである。生命とは悪がともなうものであるし、また、ともなうのが当然だ。ほんの少しの悪は生命の源である。この世の、ほんの少しの邪悪さはとても良いことである。なぜなら、バランスがとり戻されると、世界は終わるだろうからだ。この世界が存在する間は、善も悪もそれとともに存在する。しかし、私たちがこの世界を超えることができたとき、善と悪の両方から開放され至福がもたらされるのである。

痛みなしにつねに喜びがあるとか、悪なしにつねに善があるとかいう、そんな可能性はどこにもない。生きること、それ自体が、まさに平衡を失うことなのだ。私たちが欲しているのは自由であって、生きることでもなければ喜びでもなく、善でもない。創造とは始めもなければ終わりもない、無限なものであり、永遠の湖に永遠に波立つ、さざ波のようなものだ。そこには、平衡をとり戻すことのできる、まだ達したことのない深さがある。しかし、表面にはつねにさざ波がたち、平衡をとり戻そうとする努力も永遠である。生と死は、ただおなじ事実の異なる名前で、一個のコインの両面にすぎない。両方ともがマーヤーであり、生きる努力をしていた矢先、次の瞬間には死がやってくるという、予想しがたい状態なのだ。これを超えたところに、真の性質、アートマンがある。実は私たちが神と呼んでいるのは、私たちのみずからを離して、自分の外にあるものとして礼拝している単なる自己にすぎない。しかしそれは、つねに真実の自己であり、唯一無二の神なのだ。

平衡をとり戻すために、私たちはラジャスによってタマスを中和しなくてはならず、そのあと成長して、ほかのすべてが消えた静かで美しい状態、サットワによって、ついにはラジャスを克服しなくてはならない。束縛を捨てよ。神の息子となれ、自由であれ。そのときあなたはイエスが見たように、「父を見る」ことができる。無限なる力が宗教であり、神である。弱さと奴隷であることを避けるのだ。あなたは自由になって初めて魂になり、自由になって初めて不死となる。彼が自由になれたというのなら、そこには神がおられるのだ。

＊　＊　＊

世界は私のためのものであり、世界のために私があるのではない。善と悪が私たちの奴隷なのであり、私たちがそれらの奴隷なのではない。いまの段階に居続けるというのは、ケモノの性質である。善を求め、悪を避けるというのは、人の性質である。そのどちらも求めず、ただ永遠に至福であること、それが神の性質である。神であろうではないか！　心を海のようにして、世界のつまらぬすべてを越えて行き、悪を見てさえも、喜びに狂おうではないか。映画のように世界を見、あなたは何にも影響されないのだと知りつつ、その美を楽しもうではないか。それは、子供たちが泥の水たまりのなかに見つけるガラス玉のようなものだ。世界を静かな自己満足とともに見なさい。善と悪はおなじものであると見なさい。両方ともただ、神の「お遊び」であると見て、すべてを楽しむのだ。

＊　＊　＊

私の師はよく言ったものだ、「あらゆるものが神なのだ。でもトラ神は避けなくてはならないよ。すべての水が水ではある。でも飲み水に汚い水は避けるだろう」

空全体が神のつり香炉《こうろ》であり、太陽と月はその灯明《とうみょう》である。なんで他に寺院が必要だろうか。すべての目が「あなたのもの」であり、それにもかかわらず、「あなた」は目をもってはおられない。すべての手が「あなたのもの」であり、それにもかかわらず、「あなた」は手をもってはおられない。

求めもせず、避けもせず、やって来るものを受けとるのだ。何によっても影響されない、それが自由ということである。単に忍耐するだけではいけない、無執着でいなさい。雄牛の話を思い出してほしい。ある雄牛の角に、蚊が長い間とまっていた。ふと、蚊は邪魔しているのではないかと気になりだして聞いてみた、「牛さん、長い間ここに止まっているのだけれど、きっとうるさく思っているだろうねえ。ごめん。もう、行くからね」しかし、牛が答えて言うには、「なんだって！　まったくそんな事なんかないさ。君の家族をぜんぶ引きつれてきてこの角に住んだっていいのだよ。いったい君に、何ができるって言うのだい？」

六月二十六日（水曜日）

私たちは、自分のことを考えずにいるときに、もっとも偉大な影響が及ぼされ、最高の仕事はなされる。すべての偉大な天才たちはこのことを知っている。自分自身をひとりの神聖な俳優に明け渡し、彼に演じさせよう、そして私たちは何もなさずにいようではないか。バガヴァッド・ギーターの中でクリシュナは、「おお、アルジュナ！　私はこの全世界において、義務など一つも持ってはいない」と言った。自己を完全に神にゆずり渡し、完全に無関心でいるのだ。そのとき初めて、あなたは真実の仕事を、何でもひとりですることができる。仕事の背後にある真実の力を目で見ることはできない。私たちが見ることができるのは結果だけである。自分自身を外に出して自分をなくし、自分を忘れ、ただ神に働いてもらおうではないか。それは彼のお仕事なのである。私たちにできることは何もない。ただかたわらに立って、神に働いてもらおう。自分というものが去れば去るほど、神はますます入ってこられる。小さな「私」を脱し、ただ、大きな「私」を住まわせようではないか。

私たちは自分たちの考えでこの自分をつくった。だからあなたが考えることには気をつけることだ。言葉は二次的なものである。思いは生きているもので、遠くへと飛んで行く。私たちが思うおのおのの考えは、自分自身の性格で色付けされる。清らかで聖なる人の口から出るものであれば、あざけりも辛らつな批判さえも、その人の愛と清らかさに源を発するがゆえ、清らかとなり良い行為となる。

なにも欲しないこと。神について思い、見返りを求めないこと。それが結果をもたらす欲望のない仕事である。托鉢僧《たくはつ》は、あらゆる人の戸口に宗教をもたらす。だが彼らは何もしていないと思っていて、なにも要求することはない。彼らの仕事はただ無意識になされるのだ。もし彼らが、知識の木［一］から食べるというのなら、彼らは利己的となり、彼らがしているすべての善は飛んでいってしまうだろう。私たちが「私」と言うやいなや、私たちは惑わされたのである。私たちが「知識」と呼ぶものは、製油工場で働かされる去勢牛のように、ただグルグルと回っているだけなのだ。主はもっともたくみに「ご自身」を隠しておられ、そのお仕事は最高のものである。だから自分自身を一番上手に隠すことのできる人が、もっとも高い境地に到達することができる。あなた自身を克服しなさい、そうすれば全宇宙はあなたのものである。

［一］旧約聖書からの引用。その木の実を食べたものは善悪を知る。アダムとイブは神に背いてその実を食べた。

サットワの状態の中で、私たちは物事の真の性質を見、感覚を超え、理屈を超えていく。私たちを閉じ込める堅固無比なこの壁は、自己中心性なのである。私たちは、私がこれをする、あれをする、何々をすると言って、あらゆることを私たち自身に当てはめている。このちっぽけな「私」を乗り越えるのだ。私たちのうちにあるこの魔法を滅してしまえ。「私ではない、しかしあなたです」と言い、それを感じ、それに生きるのだ。自我（エゴ）によってでっち上げられたこの世界を明け渡してしまわなければ、私たちはけっして天の王国に入ることはできない。それをせずしてなし得た者はかつていなかったし、今後もいないだろう。世界を明け渡すということは、自我を忘れることであり、真の自己が自我ではないと知ることである。――つまり肉体に生きていながら、肉体のものではない、ということである。このならず者の自我を消してしまわなければならない。人びとがあなたを悪く言うとき、彼らのために恵《めぐ》みを祈りなさい。彼らがあなたにどれだけ良いことをしているのかを思いなさい。彼らはただ自分自身を傷つけているだけなのである。だからあなたのことをひどく嫌う人びと、その人びとのところへ行き、あなたの自我を打ちのめしてもらおうではないか。そうすればあなたは主にもっと近づくであろう。私たちは、母ザル［1］のようにできる限り長く、世界という私たちの「赤ん坊」を抱きしめる。しかしついにそれを足もとに敷くか、踏みにじらざるを得なくなるとき、初めて私たちは神に近づく準備ができるのだ。正義のために迫害されることの、なんと恵まれていることよ。私たちに読みとることができないことがあるということは、私たちにとっての祝福である。それだから私たちは神から離れないのだ。

［1］母ザルは安全なときは子をたいへん愛する。しかし危険がせまると、赤子を投げ落とし、必要なら踏みつぶして自分を守る。

快楽とは、私たちが足蹴にしなければならない一〇〇万の頭をもつヘビである。私たちは放棄し、前進する。そして何も見いださず、絶望に陥る。しかし耐えて、耐えていくのだ。世界は悪魔である。それはちっぽけな自我が王となった王国である。それを捨て、しっかりと立つのだ。欲望と金と名声を捨て主にしっかりとつかまれば、ついに私たちは、完全な無執着の境地に達する。感覚の満足が喜びを構成するという考えは、まったくもって物質的である。そこに真の喜びはひとかけらもない。そこにある喜びはすべて、真の至福の単なる投影にしかすぎない。

自分自身を主に捧げきった人たちは、すべてのいわゆる労働者という人たちよりももっと世界のために働いている。自分自身を完全に清めたその人は、多くの説教者たちよりももっと多くを成し遂げることができる。清らかさと静けさから言葉の力は生じる。

ユリの花のようであれ。一ヵ所にとどまってあなたの花びらを広げるのだ。するとハチがおのずとやってくるだろう。ケシャブ・チャンドラ・センとシュリー・ラーマクリシュナとの間には大きな差があった。前者はどんな罪も悲しみも、戦うべき悪をも、けっして世界の中に認めることはなかった。前者は偉大な倫理の宗教改革者で指導者、そしてブラーフモー・サマージの設立者であった。静かな預言者である後者は、ドッキネッショルでの一二年の修行ののち、インドだけでなく、世界中で革命を起こしたのである。力は、自分の個性を引きこめてただ生きて、愛した、静かな人とともにある。彼らはけっして「私」とか、「私のもの」とは言わない。彼らは道具であることに祝福を感じている。このような人びとがキリストであり、ブッダであり、神と完全に一つとなって永遠に生きる理想の存在であり、何ものにも頼らず、また意識して何かをすることもない人びとなのである。彼らは真に世界を動かす者であり、ジヴァンムクタであり、絶対的に非利己的である。ちっぽけな個人性は完全に抹殺され、野望はひとかけらもない。彼らのすべてが本質で、個人性はないのだ。

六月二七日（木曜日）

（この朝、スワーミーは新約聖書を携えていらして、ふたたびヨハネの黙示録について話された）

モハメッドは、キリストが送ると約束した「慰《なぐさ》めをもたらす者」であると自称した。彼は、イエスの超自然的な誕生を主張することは不必要だと考えた。このような主張はすべての時代、すべての国において共通のことである。すべての偉大な人びとは、彼らの父は神々だと言っている。

知るということは、単なる相対的な行為である。私たちは神であることはできるが、神を知ることはけっしてできない。知識とはより低い状態である。アダムの原罪は、彼が「知る」ようになったときであった。それ以前の彼は、神であり、真実であり、清らかであった。私たちはたしかにこの顔以外ではないが、鏡に映るその顔を見ることはできても、自分の本当の姿を見ることはできない。私たちは愛である。しかし愛のことを考えるとき、私たちは愛の対象［1］を心に創りだして、それを愛する。これを見ても、物質世界とは、思いが外に現れたものだということがわかる。

［1］それはつまり外的対象となった「愛」である。

ニヴリィティとは、世界から顔をそむけることだ。ヒンドゥ教の神話では、最初に創造された四人の人［2］に、あらわれとは単なる二次的なものにすぎない、と白鳥（神ご自身）が忠告した、と言われている。それゆえ彼らは創造することなく存在し続けた。つまり、表現するということは後退するということなのである。精霊は、ただ文字、または「レター・キレス」［3］でしか表現することができない。根本原理は物質で覆われている。それを知っているのに、私たちは時間がたつにつれ、覆いだけを見て真実を忘れるようになる。すべての偉大な師たちはこれを理解している。絶えることなく預言者の継承があるのは私たちに真実を示すためであり、彼らはときに応じて新しい覆いを与えるために到来しなくてはならない。私の師は、宗教は一つであると説いた。すべての預言者はおなじことを説いている。彼らはただ、姿かたちの奥にある本質を示すことをしているだけなのだ。古い姿のなかにある本質を取り出し、新しい姿のなかで本質を説明しているのだ。

［2］最初に創造された四人の人とは、サナカ、サナンダナ、サナタナ、サナトクマラである。

［3］意味は、「文字は（その真意、精神を）殺す」新約聖書、コリント人への第二の手紙三・六より。

私たちは、名と形、特に肉体から自分自身を解放したとき、それが強健な肉体であろうと弱かろうと、肉体を必要としなくなったとき、そのとき初めて束縛から逃れることができる。永遠の進歩は永遠の束縛だ。形の消滅のほうが、むしろ望ましい。私たちはどんな肉体からも、「神の身体」からでさえも、自由にならなければならない。神だけが真実の存在なのであり、そこに二つ［4］はありえないのだ。そこにあるのはたった一つの魂だけであり、そして、私はそれなのだ。

［4］身体には限界がある。そして形をもたないものは、限界がなく永遠でなければならない。無限なるものが二つ存在することはあり得ないのだから、形を持たない神と「魂」は同一でなければならない。

よい働きは、自由にいたる手段としてのみに価値がある。それらは行為者に善をなすが、ほかの人に善をなすわけではない。

知識とは、単なる区別にすぎない。おなじ種類のものを多く見つけると、私たちはその総計に適当な名をつけ満足する。私たちは「事実」を発見するが、けっして「理由」を発見しない。私たちは暗闇の中、広大な原野を歩き回ってなにかを知っていると思っている！　この世界で「なぜ」という問いに答えられるものはなにもない。そのためには神のもとへと向かわなくてはならない。神はすべてを知っているが、真の知者である神を知ることは私たちにはできない。あるとき塩人形が海の深さを知ろうと思った。そして海水にふれた瞬間、海にとけてしまった。

多様性が創造である。同一性あるいは一体性が神である。多様性を超えていくのだ。そのときあなたは生と死を克服し、永遠の一体性に達し、そして神の中にあって、あなたは神なのである。命がけで自由を獲得しなさい。私たちの人生の出来事は本のページのようなものだ。そして私たちはそれを見ている不変の目撃者で、いろいろな印象が残る。松明《たいまつ》がぐるぐる回ると円が見えるようなものである。魂はすべての個人性を一つにしたものだ。それは静止しており、永遠で不変なものであるがゆえに、神であり、アートマンである。それは生命ではないが、それが生命の形をとる。それは喜びではないが、それが喜びを湧き上がらせるのだ。

＊　＊　＊

今日、神は世界から見捨てられつつある、というのも彼は、世界のために十分なことをしていると は思われていないからだ。だから彼らは言う、「いったい神のなにが良いと言うのだ？」私たちは神を、単なる自治体の権力者として見るべきなのか。

私たちにできること、それはすべての願望、嫌悪、争いを鎮《しず》まらせることである。より低い自己を鎮まらせること、いわば、精神的に自殺することである。身と心のたった一つの本当の使い方は、それらを清らかで健康に保ち、神にむかっていく私たちを助ける道具として用《もち》いることなのだ。真実のためだけに真実を求めなさい。至福のために求めてはならない。それはくるかもしれないが、動機であってはならない。神以外、ほかのなにものも動機であってはならない。あえて地獄を通ってさえも、真実へと向かわなくてはならない。

六月二八日（金曜日）

（この日は、出席者全員でピクニックに行った。そのため、スワーミーがどこにいらしても、彼の行動のすべてが絶えることのない教えだったにもかかわらず、メモされなかったので、彼の言われたことについては記録が残っていない。しかしでかける前、朝食をとりはじめたときに、このように述べられた――）

すべての食べ物に感謝しよう、それは、ブラフマンである。ブラフマンの普遍なるエネルギー［1］が、私たちそれぞれのエネルギーへと変わり、そしてすべての活動において、私たちを助けている。

［1］ブラフマン（甘露）は、非人格で、始まりのない「至高の魂」である。ブラフマン（の男性的面）はヒンドゥ教三大神（ブラフマー、ヴィシュヌ、シヴァ）の中のブラフマーであり、「宇宙の創造主」である。

六月二九日（土曜日）

（スワーミーはこの朝、ギーターを手にしてやってきた）

「魂たちの王」クリシュナは、アルジュナ、別名グダーケシャ「眠りの主」――眠りを克服した人の意――に向かって語った。ダルマクシェートレ「徳の場」――戦場――とはこの世界のことである。五人の兄弟――正義の象徴である――が、私たちが引きつけられ、戦わなくてはならない、世俗の対象の象徴である。一〇〇人の他の兄弟たちと戦う、もっとも勇ましい兄弟アルジュナ――目覚めた魂――が大将である。私たちは、感覚を喜ばせているすべてのもの、つまり私たちがもっとも執着しているものと戦わなくてはならず、それらを滅ぼさなくてはならない。私たちは無執着であるべきだ。私たちはブラフマンであり、他のすべての考えは、この一つに没入しなくてはならない。

クリシュナはあらゆることをなしたが、だが行為に執着することはなかった。彼は世界のなかにいたが、世界に属すことはなかった。すべての仕事をせよ、執着なしに。働きのために働け、けっして自分のためにではなく。

＊　＊　＊

名と形のあるところにけっして自由はない。名と形をあたえられて粘土がつぼになるように、私たちは名と形によって、ブラフマンから生じたのである。しかしそうなると、ブラフマンは限定され、自由を失ってしまう。自由は相対的な世界には存在しない。つぼはつぼのままではけっして「私は自由だ」とは言えない。自分がつぼだという考えが消えさったときにのみ、自由になれるのである。宇宙全体は神という唯一の主題とその変奏曲である。変奏によって、耳にここちよく聞こえるものとなった一つの曲である。ときには不協和音も生じるが、それはつぎなる調和の音をいっそう完璧なものとする。普遍的なメロディのなかに、三つの考え、「自由」「力」「同一性」がきわだって見られる。

もしもあなたの自由が他人を傷つけるなら、真の意味において、あなたは自由ではない。人を傷つけてはならない。

「弱いことは不幸だ」とミルトンは言う。行為とその結果は密接につながっている。「あなたには働く権利があるが、その結果を得る権利はない」

悪い考えは肉体にとっては病原菌のようなものである。一つ一つの考えが、私たちの肉体という鉄の塊を打つ、小さなカナヅチである。そしてその鉄の塊は、みずから欲するものにつくられるのである。宇宙のあらゆる善い考えに心を開くならば、私たちはそれらの相続人となる。

聖典が示すものは、すべて私たちの内にある。「愚か者よ、汝《なんじ》には聞こえぬか。昼も夜も、汝自身の心の中に、あの永遠の音楽が流れている――サッチダーナンダ、ソーハム、ソーハム（絶対存在・知識・至福、我は「彼」なり、我は「彼」なり）」

すべての知識の源泉は、私たちひとりひとりの内にある。それはアリの内にも最高の天使の内にもある。真の宗教は一つなのだが、私たちは形式や象徴や例証について争っている。千年王国はそれを見いだした人びとにとってはすでに存在している。私たちは自分自身を見うしなった。だから世界が失われたと思っているのだ。

完全な力はこの世界では活動しない。それはただ存在しているだけである。それは行為をしない。

真の完全さとはたった一つである。一方、相対的な完全さは多様である。

六月三〇日（日曜日）

想像することなしに思おうと試みることは、不可能を可能にしようと試みるのとおなじである。私たちは具体例なしに「哺乳動物」とはどんなものかを考えることはできない。神についての考えもおなじことなのである。

この世における、もっとも抽象的な概念は、私たちが神と呼んでいるものである。

思考には二つの部分がある。観念と言葉である。私たちは両方を持たなければならない。観念論者も唯物論者も正しくない。私たちは考えとその表現の両方を持たなくてはならない。

私たちは鏡に映った自分の顔しか見ることができないように、すべての知識は反映されたものである。けっして誰も、自分自身の「自己」あるいは神を知ることはないであろう。なぜなら私たちが「自己」そのもので、私たちが神なのだから。

あなたがなくなってしまうとき、あなたはニルヴァーナにある。ブッダは言う、「あなたというものがない時、そのときあなたは最高の者であり、あなたは真理であるのだ」それは小我が行ってしまったときなのである。

内にある神聖なる光はほとんどの人にとって、はっきりとしたものではない。それはまるで、鉄でできた桶《おけ》のなかの灯明のように、ほんの一部の光さえもそれを突き抜けて輝くことはできない。しかし私たちは清らかさと非利己性によって、その暗く覆われたものを少しずつ取り払っていき、最後にはそれをガラスのように透明にすることができる。シュリー・ラーマクリシュナは、内なる光をあるがままに見ることができる、ガラスに変化した鉄の桶のようであった。私たちは皆、ガラスの桶になろうとする途上にあり、いっそう、よりいっそう、はっきりと映しだすものになろうとしているのである。そこに桶がある限り、私たちは少しでも物質的手段をとおして思わなくてはならないのだ。気短にさえならなければ、人はいつか成功することができる。

＊　＊　＊

偉大な聖者たちは真理の手本である。しかし弟子たちは、聖者を真理とすることで、真理がその人物のうちにあるということを忘れてしまう。

インドに偶像（崇拝）が広まったのは、ブッダが人格神を絶えず非難した結果である。ヴェーダの時代には、人びとはあらゆるところに神を見いだしていたので、そのようなものを知らなかった。創造者であり、友でもあった神を失ってしまった反動として、偶像は広まっていったのだ。そしてブッダ自身がイエスのように一つの偶像となった。偶像の範囲は、木や石からイエスやブッダにまでおよぶ。いずれにしても私たちは偶像をもたなくてはならない。

暴力による改革は、妨害され、必ず終わりを告げる。「あなたは悪い」と言ってはいけない。ただ「あなたは善い、しかしもっと善くなる」とだけ言うのだ。

どの国でも、聖職者たちが弊害となる。というのも、彼らは、他の二、三人がその地位を離れるまで、それを操ろうと糸を引きながら、告発したり、批判したりしているからだ。愛はけっして弾劾《だんがい》することはないが、野心がそれをする。「正しい」怒りとか、筋の通った殺し、などというものはありえない。もしもあなたが、人がライオンになることを認めないなら、彼はキツネにでもなるだろう。女性は力である。ただ今のところ、男性が女性を圧迫しているために、それはむしろ悪いものとされている。彼女は今キツネであるが、彼女がもはや圧迫されなくなったとき、彼女はライオンとなるだろう。

一般的に霊的求道は、知性をとおしてバランスが取られるべきである。さもなければ単に感傷的なものへと堕落してしまうだろう。

＊　＊　＊

究極の存在の概念には違いがあっても、すべての有神論者たちは、変わりゆくものの背後に不変なるものがある、と同意している。ブッダは、まったくこれを否定し、「ブラフマンなどというものはなく、アートマンもなく、魂もない」と言った。

性格においてブッダは、今まで世界が見た中で、もっとも偉大な人であった。その次にキリストがあった。しかし、ギーターで語られているクリシュナの教えは、今まで世界が知ったなかで、もっとも包括的なものである。そのすばらしい詩を残した彼は、彼の生涯そのものが世界中に新生の波を巻き起こすほどの、まれな魂たちのひとりであった。人類が彼ほどの頭脳を見ることはけっしてふたたびないであろう。

悪としてあらわれようと、善としてあらわれようと、いずれにしてもそこにはたった一つの力があるだけなのである。神と悪魔は一つのおなじ川なのだ、反対方向に水が流れているだけである。

＊　＊　＊

七月一日（月曜日）

（シュリー・ラーマクリシュナ・デーヴァ）

シュリー・ラーマクリシュナは、ブラーミンの特別階級の人以外には、どんな人からも贈り物を受け取ることがない、とても伝統的なブラーミンの家庭の息子だった。働くこともなければ、聖堂の聖職者でもなく、本を売ることもなければ、誰かに仕えることもなかった。彼は、ただ「天から降ってきたもの」（施しもの）だけを受けとった。それも、「堕落した」ブラーミンからのものではだめだった。ヒンドゥ教においては聖堂が絶対ではない。もしそのすべてが破壊されてもヒンドゥ教は、少しも影響されることはないだろう。人は家屋を「神と客人」のために建てることができる。自分自身のために建てるなら、それは利己的なこととなる。それゆえ人は、神の住まう場所として聖堂を建造するのである。

シュリー・ラーマクリシュナは少年時代、家族が極貧であったため、プラクリティともカーリーとも呼ばれる、母なる女神に奉献された聖堂の聖職者とならざるを得なかった。カーリーは両足を男の姿のうえに乗せて立つ女の姿をとっている。それは、マーヤーが除かれるまで、私たちには何も知ることができないということを示している。ブラフマンとは、知られることもなければ、知ることもできないものであるが、形をとることはできる。彼は彼自身をマーヤーのヴェールで覆《おお》い、宇宙の母となって、被造物を産みだすのだ。平伏した形の男の像は、シヴァ、またはブラフマンである。マーヤーに覆われて、シヴァは死んだ者、セヴァとなった。ギャーニ（非二元論者）は言う、「私は神の覆いを、自分の力によって、取りのぞく」と。しかし、二元論者は言う、「私は、彼女だけがカギを握っている扉を開けてもらえるよう、母にお願いし、彼女に祈ることによって、神の覆いを取りのぞく」と。

こうして母なる女神カーリーへの日々の礼拝は、若い聖職者の心に徐々に熱烈な信仰を目覚めさせ、彼はもはや聖堂での規則的な礼拝を続けることができなくなってしまった。そこで彼は自分の義務を捨てて、完全な瞑想に自分自身を捧げきることのできる、寺院境内の小さな林にひきこもったのである。この林はガンガーのほとりにあった。そしてある日、ちょうど彼の御足のもとに、小さな囲いを作るのに必要なだけの材料が急な河の流れとともに運ばれてきた。この囲いのなかで、母なる神のこと以外は、自分の肉体のことはなにも気にせずにそこに居つづけて泣き、そして祈るのであった。ひとりの親戚が、日に一度食べさせて、彼の面倒を見た。のちにサンニャーシニー、女性の修行者がやってきて、彼が「母」を見神することができるよう助けたのである。彼が必要とすれば、求めなくとも、どのような師でも向こうからやってきた。あらゆる宗派から幾人かの聖者たちがやってきて、彼に教えようと申しでて、彼もまた熱心にそれぞれの師の教えを聞くのであった。しかし、彼はただ「母」

だけを礼拝した。彼にとっては、すべてが「母」であった。

シュリー・ラーマクリシュナは、どのような人にも不快な言葉を吐くことがなかった。彼は心からの敬意をもって教えに耳を傾けたので、あらゆる宗派の人たちが、彼は自分たちに属していると思うほどだった。彼はすべての人を愛した。彼にとってはすべての宗教が真実であった。彼はそれぞれの宗教に存在意義を認めた。彼は自由であった。それは愛に根ざした自由であり、「雷」的なものに根ざした自由ではなかった。温厚な人は創り手であり、雷タイプはそれを世に広める伝道者である。パウロは光を広める雷のような性格の人であった［一］。

［一］多くの人びとから言われたことであったが、スワーミー・ヴィヴェーカーナンダご自身は、シュリー・ラーマクリシュナに比べて、聖パウロのタイプであった。

聖パウロの時代は、しかしながら過ぎ去った。現代では私たちが新しい光となるべきである。私たちの時代には自己調整のできる組織がおおいに必要である。私たちがそれを得ることができるとき、それが世界の最後の宗教となるだろう。世界という車輪の回転は止まることがない。だからその回転を推し進めるべきであって、ブレーキとなってはならないのだ。

＊　＊　＊

宗教思想の波は、高まったり低くなったりするが、その時代の最高の波に、その時代の預言者がたつ。ラーマクリシュナは、現代の宗教を教えるためにやってきた。その教えは建設的なものであり、破壊的なものではなかった。彼は事実を求めて真理のなかをさらに進んだ。そして科学的な宗教を会得した。けっして「信じよ」とは言わず、「見よ」「私は見る、あなたも見ることができるのだ」というのだ。おなじ方法を使えば、あなたもおなじヴィジョンに達する。神はすべての人のもとにやってくるし、調和は、すべての人の手の届く所にある。シュリー・ラーマクリシュナの教えは、「ヒンドゥ教の精髄」である。それは彼だけの独自の教えというわけではないし、彼もそんなことは一言も言っていない。彼は名を上げることにも名声を得ることにもまったく無関心であった。

＊　＊　＊

彼は四〇才ぐらいのときに説教をはじめた。しかしそのために出かけるということはなかった。教えを欲する人びとが自分のもとにやってくるのを待った。彼はヒンドゥ教の習慣にのっとって、両親の意思により、ごく若いころに五才の幼い少女と結婚した。少女は少し離れた村の彼女の実家で暮らしており、自分の若い夫が通過している大きな試練のことなど知る由《よし》もなかった。彼女が成熟したときにはすでに、彼は宗教的信仰に深く没頭していたのだ。彼女は、彼が当時住んでいたドッキネッショル寺院へ、家から徒歩で出かけていった。彼女自身が偉大な魂であり清らかで神聖な人だったので、彼を見るやいなや何ものであるかを理解し、ただ彼のお仕事を助けることができるよう、けっして彼をグリハスタ（家住者）の段階に引きおろすことがないよう、それだけを望んだのだった。

シュリー・ラーマクリシュナは、インドでは、偉大な化身のひとりとして礼拝され、そこでは彼の誕生日は宗教的祝祭として祝われている。

＊　＊　＊

聖堂では特別なしるしをもつ丸い石が、偏在なるヴィシュヌ神の象徴として礼拝されている。そこに毎朝ひとりの聖職者がやってきて、偶像を沐浴し、着飾らせ、それに「命を宿らせる」ために彼自身の神性を吹きこむ。そして花と供物を捧げ、その前で香をふって礼拝し、最後に寝床につかせ、このようにしか「彼」を礼拝することができないことについて、神に許しをこう。偶像をとおして、あるいはその他の物質的対象の助けなしに「彼」を認識することは、彼にはできないからである。

＊　　＊　　＊

「善と美だけを礼拝するのは弱さであり、私たちは忌まわしいものや悪をも愛し、礼拝すべきである」という宗派がある。この宗派は、チベット中に広まり、その宗派の人は結婚をしない。インドで彼らは公には活動できないが、秘密の結社を組織している。一般の社会人でそのような結社に入っている人はいない。入っているのは結社に取り込まれたメンバーだけである。共産主義が三度チベットで試みられ、三度失敗した。その力がどこから来るのか。チベットの人びとはタパス［二］の力を使っているのである。それも比類ない熟練をもって。

［二］宗教的な実践、苦行を一般的には意味する。

＊　　＊　　＊

タパスとは、字義的には「燃える」を意味する。それは、より高い性質を「熱く」させるための苦行の一種である。それは時として、絶え間なくオームを繰り返す、というような日の出から日の入りまで誓約を続けるという形式で行われる。このような鍛錬を続けていると、ある種の力が身に付いていく。その力は霊的なものにでも物質的なものにでも、望みのものに形を変えることができる。このタパスという考えはヒンドゥ教全体に浸透している。ヒンドゥ教では、神は世界を創造するためにタパスを実践した、とまで言われている。タパスは精神の力を活用するための道具である。それさえあれば、あらゆることが可能となる。「すべて三界にあるものは、タパスによって得ることができる」

＊　＊　＊

共感することもないまま、ただ宗派について語る人びとは、意識していようがしていまいが、うそをついている。一宗派をしっかりと信じる人は、他の宗派の中に真理を見ることはまれである。

＊　＊　＊

偉大なバクタ、ハヌマーンは、あるとき何月の何日かとたずねられてこう言った、「神が私の永遠の日付である。ほかのどんな日づけも私には無意味だ」と。

七月二日（火曜日）

（母なる女神について）

シャクタたちは全宇宙のエネルギーを「母」として礼拝する。それは彼らが知り得るもっとも甘美な名である。「母」は、インドにおいては女性としての最高の理想なのだ。神が「母」として礼拝されるとき、ヒンドゥ教徒たちはその礼拝を「右の手」の道と呼ぶ。それは人を霊性へと導き、けっして物質的な繁栄へと導かない。神が彼の恐ろしい一面、すなわち「左の手」において礼拝されるとき、多くの場合、人は大いなる物質的繁栄へと導かれるが、霊性へと導かれることはまれである。その道を実践する民族は、劣化と滅亡に向かうこととなる。

力の本質が最初にあらわれるのは母親においてである。それは父親の観念より上位にある。母の名は、神聖なるエネルギー、全能なるシャクティを想起させる。赤ん坊は自分の母親をなんでもできる全能の存在だと信じているものだ。神聖なる母とは、私たちのうちに眠るクンダリニー（とぐろを巻く力）である。「彼女」を礼拝することなしに、けっして自分自身を知ることはできない。すべてにおいて慈悲ぶかく、すべてにおいて力強く、遍在であることが神聖なる母の性質である。「彼女」は宇宙におけるエネルギーの総計である。宇宙における力の一つ一つのあらわれも「母」である。「彼女」は生命であり、「彼女」は知性であり、「彼女」は愛である。「彼女」は宇宙の中にあり、なおかつそれから離れている。「彼女」は人であり、（シュリー・ラーマクリシュナが「彼女」を見て、知ったように）人は彼女を見ることができ、知ることができる。神を「母」と見る考えを生き方の基本にしていれば、私たちは何でもすることができるのだ。「彼女」は速やかに祈りに答えてくださる。「彼女」はどの瞬間でも、どの姿でも、「ご自身」を私たちに示すことがおできになる。神聖なる母は、形（ルーパ）と名（ナーマ）をもつことも、姿なき名として存在することもおできになる。「母」をこのようなさまざまな面から礼拝するにしたがって、私たちは名も形も持たない純粋な存在へと高められるのだ。

一つの細胞の総計が一つの有機体、すなわち人となる。一つの魂は一つの細胞のようなもので、その総計が神である。そしてそれを超えたところに絶対者が存在する。おだやかな海が「絶対なる者」であり、波の形をしているおなじ海が聖なる母である。「彼女」は、時間、空間、事象の原因である。「母」はブラフマンとおなじである。そして「限定された存在」と、「無限定の存在」、という二つの性質を持っている。前者としての「彼女」は神であり、自然であり、魂（人）である。後者としての「彼女」は、人知によって知られたことがなく、またこれからも知られることのないものである。無限なるものから、存在の三つの面――神、自然、魂、という三位一体が生じたのである。これが、ヴィシシュタ・アドヴァイティスト（限定非二元論者）の考えである。

「母」の一片、一滴がクリシュナであり、ほかの一滴がブッダであり、もう一滴がキリストである。この世の自分たちの母のうちにある、母なる神のほんの一かけらでも崇拝することができれば、私たちは大いなる者へと導かれる。もし、あなたが愛と英知を欲するなら、「彼女」を礼拝しなさい。

七月三日（水曜日）

一般的に言って、人類における宗教は恐れとともにはじまっている。「主への恐れが、英知の始まりなのである」しかし、のちにもっと高い考えがやってくる。「完全な愛は、恐れを捨て去る」私たちが知識を得るときまで、神が何であるのかを知るそのときまで、恐れの痕跡《こんせき》は残り続けるであろう。人としてのキリストは他の人びとの不純な心が見えてしまい、声高にそれを非難した。しかし、無限に至高である神は、邪悪を見ず、怒ることなどありえない。非難はけっして最高のものではない。ダビデの手は血で汚されていた。彼は聖堂を建立することができなかった。

私たちが愛と徳と神聖さのなかで成長すればするほど、より外の世界に、愛と徳と神聖さを見るようになる。他の人びとを非難することは、実はすべて、自分たち自身を非難することなのである。小宇宙を適正な状態に調整しなさい。それは各自が自分の力でできることだ。そうすれば大宇宙があなたのために微調整をおこなう。これは流体静力学に似ている。一滴の水が宇宙に平衡をもたらすのだ。人は内にないものを外に見いだすことはできない。宇宙は私たちにとっては巨大なエンジン、わたしたちは極小のエンジンのようなものだ。極小のエンジンにくるいが生じれば、大きなエンジンが故障することは想像に難くないだろう。

この世界を本当に進歩させてきた一つ一つの歩みは、愛によってなされたのである。欠点を非難してもけっして良いことはない。非難は何千年も試みられ、それは何一つ成し遂げることができていない。

真のヴェーダーンティストは、すべてに共感しなくてはならない。一元論、または絶対なる一体性が、ヴェーダーンタの魂そのものである。二元論者はどうしても不寛容になる傾向がある。自分たちの道が唯一の道だと考えがちなのである。二元論者であるインドのヴァイシュナヴァ（ヴィシュヌ信奉者）は、もっとも不寛容な宗派である。別の二元論的宗派シャイヴァ（シヴァ信奉者）の中に、シヴァの礼拝にあまりにも狂信的になったために、他のどの神の名も聞くことを欲しなくなったという、ガンターカルナ（鈴を耳に付けた人という意味）という名の信者の話がある。彼は、他のどのような聖なる御名が唱《とな》えられてもその声をかき消すことができるように、耳に二つの鈴をつけた。彼の強烈なシヴァへの信仰を目のあたりにしたシヴァ神は、シヴァとヴィシュヌの間にはなんの違いもないことを彼に教えようと、半分ヴィシュヌ、半分シヴァの姿で彼の前にあらわれた。ちょうどそのとき、ガンターカルナはシヴァの像の前で、香の容器を左右に振って礼拝していた。しかし、偏見の塊の彼は、香の香りがヴィシュヌの鼻にも入るのを見ると、ヴィシュヌがそのかぐわしい香りを楽しむことがないように、その鼻に自分の指を突っ込んだのであった。

＊　＊　＊

ライオンのような肉食動物は、一打撃を与えてから腰をおろすが、忍耐強い去勢牛は一日中歩きながらでも寝て、食べ続ける。威勢のいいヤンキーは、米食である中国人の日雇い労働者と競い合うことなどできはしない。軍隊の力が支配するかぎり、肉食主義ははびこるだろう。しかし、科学が発達し争いが少なくなれば、菜食主義者たちがそれにかわるだろう。

＊　＊　＊

私たちは神を愛するために自分自身を二つに分ける。私が私の真我を愛しているのだ。神が私を創造し、そして私が神を創造したのだ。私たちは自分の尺度で神を想像する。神を宇宙の統率者につくりあげているのは私たちであって、神が私たちを彼の召し使いとしてつくったのではない。自分たちが神と一体であると知り、神と私たちが友であると知るとき、二者に平等と自由がもたらされる。永遠の神と自分との間に、髪の毛一筋ほどの違いでも認める限り、恐れが消えることはない。

私たちの神への愛がこの世にどんな善をなすだろう、などという愚かな質問はけっしてしてはならない。世界のことは放っておきなさい。愛するのだ。疑問をはさまず、愛して、それ以上何も求めないことである。愛しなさい。そしてすべての「……主義」を忘れるのだ。愛の杯を飲んで、酔いしれなさい。「私はおん身のもの、おお永遠におん身のもの、おお主よ」と言って、他のすべてを忘れて没入するのだ。まさに神のエッセンスは愛である。親ネコが子ネコをかわいがっているのを見たら、立ちどまり、そして祈るのだ。神がそこに顕現しておられることを、文字通り信じるのだ。「私は『あなたのもの』でございます、私は『あなたのもの』でございます」そう繰り返しなさい。神はあらゆる所に見ることができる。「彼」を捜し求めるのではない。ただ「彼」を見なさい。

「世界の光であり、宇宙の魂である主が、永遠に、あなたを守って下さいますように！」

＊　＊　＊

絶対なるものは、礼拝の対象にはなりえない。したがって私たちはそれを目に見えるあらわれ、つまり人間的な性質を持った形で礼拝するしかない。イエスは人間として生きた。そしてキリストとなった。私たちもそれができるし、それを成し遂げるべきである。キリストやブッダは、達すべき状態の名称であった。イエスとゴータマは、そこに達することができた人間であった。「母」が、絶対者の最初にして最高の顕現であり、次にキリストたちやブッダたちがくる。私たちは環境という牢屋《ろうや》を自分でつくり上げたが、その足かせを打ち落とすのである。アートマンには恐れがない。外なる神に祈る、それはよい。ただそのとき私たちは自分のしている事がわかっていない。私たちが「自己」を知るそのとき、私たちは理解する。愛の最高の表現は一体性である。

私が女で、彼が男だったときがあった。
その後、彼も私もなくなるまでに、愛は育った。
今はただ、かすかに思い出す。
ふたりが存在していたことがあった、と。
愛が間にやってきて、ふたりを一つにした。
（ペルシャのスーフィーの詩）

知識は永遠に存在する。それは神とともにある。霊性の法則を発見した人間は霊感を得、彼の言葉はサマーディとなる。サマーディもまた永遠だが、それは最終的な知恵として固定化されるべきものでもないし、盲目的に従うべきものでもない。ヒンドゥ教徒はあえて自分たちの宗教を批判している、とインドを征服した人たちからは長年非難されてきた。しかし自分の宗教を批判できるということは、ヒンドゥ教徒たちは自由にものを考える人たちだということである。外国からきた支配者たちは、知らないうちに自分たちの足かせを打ち砕いていた。この地上でもっとも宗教的な人びと、ヒンドゥ教徒たちは、神への冒涜《ぼうとく》という感覚を知らない。どんな言い方であれ、聖なる事柄を話題にすること自体がみずからを清めることなのである。冒涜の観念がないだけでなく、ヒンドゥ教徒は、預言者たちにも、聖典にも、表面的な敬虔さや、慣習という理由だけで敬意をもつことはない。

教会はキリストを教会に適合させようとしている。教会がキリストにふさわしいものになろうというのではない。だからその目的に合った書物類だけが保存されてきた。そういうことなので、聖書といえども信頼に足るものではないのだ。書物を崇拝することは、私たちの足をしばる最悪のたぐいの偶像崇拝である。すべてが聖なる書物に従わなければならない——科学も、宗教も、哲学も。これはもっとも恐ろしい圧制である、プロテスタントの聖書による圧制というのは。キリスト教国の人びとはひとり残らず頭のうえに大きな教会を乗せていて、その上に聖書を乗せている。それでもなお、人びとは生きて成長している。これこそ人は神だ、という何よりの証拠ではないか。

人は存在しているもののなかで最高のものであり、そしてここがもっとも崇高な世界である。私たちには人よりも高い神という概念をもつことができないので、私たちのいう神は、人であって、人が神なのである。私たちが目覚め、それを超えていき、より高いなにかを見いだすそのとき、私たちは、心からも、肉体からも、想像からも飛びださなくてはならず、そしてこの世界を去らなければならない。私たちが目覚め、絶対なるものになるとき、もはやこの世界にはいない。人は、私たちが知ることのできる世界においてのみ、頂点なのである。動物の世界のことは類推でしか知ることができない。私たちは彼らの行動を人間の行動や感情で判断している。

知識の総計はつねにおなじである。ときにはそれがより多くあらわれ、ときには少しだけあらわれる。知識の源は宇宙の内にあり、そこにおいてのみ見いだされる。

＊　　＊　　＊

すべての詩、絵画、音楽は、言葉をとおして、色をとおして、音をとおして表現された感情である。

自分の罪が速やかに訪れる人は幸いだ。それだけ速やかに因果の帳尻が合うからである。罰が遅れている人たちは、気の毒である。その苦しみは大きい。

＊　＊　＊

神との一体性に到達した人びとは、神に生きる人びと、と言われる。すべての憎しみは、人の小さい自己が真の自己を殺すことである。だから愛こそが生命の法則なのだ。この境地にまであがることが、完全になるということである。より完全なものになるにしたがい、私たちの仕事――といわれるもの――は減っていく。サットワの人は、観察によってすべてが単に子供の遊びであると知っているので、どんな事態にもまどわされることがない。

行動を起こすのはたやすいが、行動を控えてじっと立ち、「おお主よ。あなたのもとに私は避難します」と言って「彼」がなさるのを待つことは、途方もなく難しいことである。

七月五日（金曜日）

真理に出会った瞬間に生き方を変える用意ができていなければ、真理を見極めることはできない。真理の探究をけっしてあきらめず、不断の努力を怠らぬことが不可欠である。

＊　＊　＊

チャールヴァーカスという、インドの非常に古い宗派は行きすぎた物質主義者たちだった。彼らは今や消滅し、書いたものなどもおおかた失われている。彼らが主張したのは、魂は肉体の力の産物なので、肉体が滅びれば魂も滅びる、死後に魂が存続する証拠などない、というものであった。彼らは直接的に知覚できない知識を否定した。肉体の感覚をとおして得られる知識のみを受けいれた。

＊　＊　＊

サマーディとは、神聖なるものと人が一つとなる境地である。それは「同一化に至る」という意味でもある。

＊　＊　＊

唯物主義者は、自由という言葉など妄想だ、と言う。理想主義者は、束縛のことばかり語るのは妄想だ、と言う。ヴェーダーンタは、あなたは自由であり、同時に自由ではない――この世においてはけっして自由ではないが、霊的には永遠に自由である、と言うのである。自由と束縛を超えた存在でありなさい。私たちはシヴァである。私たちは感覚を超えた不滅の知識である。

無限の力がすべての人の背後にある。母に祈りなさい。そうすれば、それはあなたのもとにやってくるだろう。

「おお、『母』よ、ヴァーク（雄弁）の与え手よ、あなたは自己実在であられるお方、私の唇にヴァークとして訪れてください」（ヒンドゥ教の祈り）

「『母』よ、雷鳴の中にお声を発せられる方よ、わが前にお姿をあらわしください。永遠の時間であるお方、あらがいがたき力のお方、シャクティであり、力であられるカーリーよ」

七月六日（土曜日）

（今日はヴィヤーサのヴェーダーンタ・スートラを、シャンカラーチャーリヤが説明した注釈についてである）

オーム・タット・サット。

シャンカラによると、宇宙には二つの相がある。一つは私であり、もう一つはあなたである。そしてそれらは光と闇のように相反している。相反しているので当然、「私」から「あなた」が生じることも、その反対もありえない。対象は、主体のうえに置き重《かさ》ねられ、投射されているのであり、主体だけが真の実在である。「対象物」は単にそのように見えているだけなのである。これに反対の意見もあるが、それは精査に耐えられるものではない。物質も、外的な世界も、魂の、ある特定の状態なのであり、実際には一者が存在するのみである。

私たちの世界は、すべて真実と不真実とが一セットになったところから出現する。つまりこの人生は、相反する二つの力が私たちをとおしてあらわれた結果なのである。この世界は神であり、神が真の実在である。しかし私たちにはそう見えてはいない。真珠貝の中に、ありもしない銀を見るように、神のなかにあって、私たちは相対的な世界を見ているのだ。これはアディヤーサ、あるいは置き重ね

（投射）と呼ばれる。アディヤーサとは、真の実存なしにはあらわれることのできない、相対的な存在のことである。以前見たシーンを思いだす、するとそれはひと時そこにあるように感じられる、しかしそれは本当にはそこにない。それとおなじである。水を熱いと思いこむようなものだと説く人もいる。熱は水の属性ではない。それは熱を加えられて熱くなっただけだ。つまりアディヤーサとは、「目の前にあるものを、それと違うものと見る」ということである。私たちが見ているのは、真実の存在そのものだ。しかし私たちの感覚器官を通るとそれはゆがんで見えるのだ。

　人は自分を目に見えるもの（身体）としてしか知ることができない。私たちがあるものを別のものと間違うのは、見えないものを無視して目の前にあるものだけを本当のものと思うからである。そうやって私たちは、身体（もの）を自分の主体だと思いこむのだ。アートマンが「もの」となることはない。「心」は内面的な感覚であり、五感がその道具である。主体であるアートマンの内に、自己を「もの」としてあらわす力がわずかにあり、その力のおかげでアートマンは、「わたしが存在する」と知ることができる。「もの」の主体はアートマンなのだ。人間の心や感覚が主体ではない。だが一つの概念をもう一つの概念の上に置き重ね、投射することはできる。それは「空は青い」と言うようなものだ。「青い」という概念を「空」という概念の上に置き重ねているのだ。

　科学、不可知論――この二つはどこにでも見られる。しかし、真の自我はけっして不可知論に左右されることはない。相対的な知識は大事である。それは絶対的知識につながるから。だが、五感や心をとおして得る知識も、ヴェーダから得る知識さえも、絶対的真理ではない。どれも相対的知識の領域内のものだからである。まずは「私はこの肉体だ」という迷妄《めいもう》を捨てなさい。そのとき初めて本当の知識を求めるようになる。人間の知識など、動物の知識よりほんのわずか上であるにすぎない。

＊　＊　＊

ヴェーダの一部分はカルマ、つまり形式や儀式をとりあつかう。他の部分はブラフマンの知識をとりあつかい、霊的な事柄について述べてある。この部分でヴェーダは、真の自己についての教えを述べる。そのためヴェーダのこの部分は、本当の知識に近いところにまでいたっている。絶対者を知ることは、本によったり、何かによったりしてなされることではない。絶対者は絶対者によってのみ知られる。学問をどれほど究めてもそれを知ることはできない。それは理論ではなく、悟るものである。鏡のホコリを取りはらい、心を浄化しなさい。そうすれば一瞬のうちに自分がブラフマンであると知るだろう。

神のみが実在である。誕生も死もなく、痛みも、悲しみも、殺りくも、変転も、善も悪もない。すべてがブラフマンなのだ。私たちは、縄をヘビだと思いこむ。間違いは私たちの側《がわ》にある。

神を愛するときにのみ、私たちは善をなすことができる。殺人者は神である。「殺人者」のマスクが彼のうえに置き重ねられているだけである。彼の手をとり彼が神であるという真実を彼に伝えてあげなさい。

魂にカーストはない。あると考えるのは幻想である。魂には生も死も、どのような運動も、性質もない。アートマンはけっして変化することがなく、またけっして行くことも戻ることもない。それは、自分自身が顕現させたすべての永遠の目撃者である。しかし私たちはアートマンをその顕現された姿と同一視してしまう。それは始まりもなく終わりもない永遠の幻影であり、とどまることなく続いていく。ヴェーダは、しかしながら、私たちのレベルまで降りてこなければならなかった。なぜならもしヴェーダが最高の真理を最高の形で語ったなら、私たちには理解できないからである。

*　*　*

天国とは願望から生まれた単なる迷信である。願望はいつも人を縛り人を退化させる。何事に対処するにも、かならずそれを神と思いなさい。物事を神とみなして対応しなければ、私たちは悪をそこに見いだす。目の前のものに妄想のヴェールをかぶせてそこに悪を見るのだ。これらの幻影から自由になりなさい。神に祝福されたものとなりなさい。自由とはすべての幻影を捨てることにある。

ある意味で、ブラフマンはすべての人間に知られている。誰もが「私は存在する」と知っているからだ。しかし本当の「私」の姿は知らない。「私」が存在する、ということはわかるが、自分たちが何者なのかは知らないのだ。レベルの低い説明は、どれも真理の一部分を述べるにとどまっている。しかしヴェーダの華、ヴェーダの真髄は、私たちひとりひとりの真の自己がブラフマンである、と言っている。すべての現象は誕生し、成長し、死ぬ、すなわち、あらわれ出てしばらく続いたのち、消滅するものである。私たちの真の悟りはヴェーダを超越したところにある。なぜならヴェーダといえども、悟りを得た者がその正しさを照査することによって、価値が認められたものだからである。ヴェーダーンタの最高の境地は超越者の哲学である。

創造に始まりがあると考えるから、多くの哲学が間違った考えを根本に据えている。

マーヤーは宇宙に内在するエネルギー、潜在的、動的な力である。母なるマーヤーが解放してくださるまで、私たちはマーヤーから自由になることはない。

この宇宙は私たちが楽しく生きるための場所である。だが何も求めてはならない。何かを欲しがるのは弱さである。欲しがるという態度は私たちを物乞いにする。だが私たちは王の子供たちだ。物乞いなどではない。

七月七日（日曜日）朝

いくつもの有限な存在に自己を分割して姿をあらわす「無限なる顕現《けんげん》」は、それ自体は無限のままであり、分割された一つ一つの現れもまた無限である〔1〕。

〔1〕なぜなら分割という考えはマーヤーだからである。

ブラフマンは、変化するものと不変のもの、表現されたものと表現されることのないものなど、二つの形であらわれてはいても、おなじものである。知る者と、知る対象とは一つだということを知りなさい。知る者、知る対象、知るという意識、この三位一体の活動が、宇宙としてあらわれているのだ。ヨーギーが瞑想の中で神を見る、それはヨーギーの内なる自己の力で見ているのだ。

私たちが自然とか、運命とか呼ぶもの、それはただ、神のご意思なのである。

楽しみを求めている限り束縛は続いていく。完成にいたっていない者たちのみが楽しむのだ。楽しみとは欲しいものを手に入れることでしかないから。人間の魂は自然を楽しむ。自然、魂、そして神の根底にある真理がブラフマンである。しかしそれ（ブラフマン）は、私たちがそれをもたらさない限り、見ることはできない。それはちょうど摩擦が火をおこすように、プラマンタ、摩擦によってもたらされる。肉体は下に置いてある木片、オームは先のとがった木片、そしてディヤーナ（瞑想）が摩擦である。これが適用されると、ブラフマンの知識そのものである光が魂のなかに突然あらわれる。タパスをとおしてそれを求めなさい。身体をまっすぐに保ち、心にある感覚という器官を犠牲とするのだ。感覚の中心は内にあり、器官は外にある。それらを心のうちに向かわせ、ダーラナ（集中）を通じ、ディヤーナ（瞑想）［2］において心を不動とするのだ。ミルクのなかにバターがあるように、宇宙のなかにはブラフマンが偏在している。それは摩擦によって、ひとところに姿をあらわす。ミルクを撹拌《かくはん》するとバターがあらわれるように、ディヤーナを行っているうちに魂の内なるブラフマンを悟ることができる。

［2］思考の流れが中断された状態を集中という。流れが中断されることなく流れ続けるとき、それは瞑想と呼ばれる。

ヒンドゥ教のすべての哲学は、第六感、すなわち超意識があると明言しており、それをとおして霊感は生まれるのだ。

＊　＊　＊

宇宙とは動きである。摩擦がやがて、宇宙の動きを終わらせる。そのときには休息が訪れ、その後ふたたびすべてがはじまる。

自分を皮膚で、他と隔てられた存在だと感じている限り、つまり自分はこの肉体なのだと感じている限り、その人は神を見ることはできない。

＊　＊　＊

日曜日、午後

インドには、ヴェーダを信じるがゆえに、正統派とみなされている六派の哲学がある。

ヴィヤーサの哲学は、ウパニシャドとおなじくらい優れている。彼はスートラの形式で書いた。名詞や動詞がない、非常に短い抽象的な表現を用いたのだった。それは解釈によりさまざまに受け取れるものであったため、そのスートラから、二元論、限定非二元論、一元論（非二元論）つまり「咆哮《ほうこう》するヴェーダーンタ」が生まれた。そしてこれら異なる学派の偉大な注釈者たちはすべて、彼らの哲学と合致した聖典にするために、ときには「意識的にうそをついた」のである。

ウパニシャドには誰が何をしたかという記録は非常に少ない。しかし他のほとんどすべての聖典は、主としてある特定の人物たちの生涯を語るものとなっている。ウパニシャドは全編、哲学のみを扱っているといってよい。哲学のない宗教は迷信に傾きやすく、宗教のない哲学は乾いた無神論となる。

ヴィシシュタ・アドヴァイタとは条件付きのアドヴァイタ（一元論）である。その解釈者はラーマーヌジャであった。彼は、「ヴィヤーサは、ヴェーダのミルクの海からこの哲学のバターを抽出した。

人びとを助けるために」と言う。また彼は、「すべての徳とすべての資質は宇宙の主、ブラフマンのものだ。『彼』はもっとも偉大なプルシャである」と言う。マッドゥヴァは徹底した二元論者である。彼は、女性でさえもヴェーダを学習してよいと主張する。主に彼はプラーナから引用している。彼は、ブラフマンとはヴィシュヌのことであり、絶対にシヴァのことではない、なぜならヴィシュヌを通じることなしに救いに至ることなどありえないからだ、と言う。

七月八日（月曜日）

マッドゥヴァの説明に理屈はない。すべてヴェーダの聖典からの引用である。

ラーマーヌジャは、ヴェーダの学習こそがもっとも崇高な学問だと言っている。上層三階級の男の子たちが八才か一〇才、もしくは一一才になったら聖糸を授け、学習をはじめさせなさい、と。学習の意味は、グルの元へ行って、ヴェーダの言葉の一言一言を完全な抑揚と発音で学ぶことである。

ジャパとは聖なる御名を繰り返すことである。これをとおして信者は無限へと高められていく。犠牲供養や儀式の船はとてももろいものだ。ブラフマンを知るにはそれ以上のものが必要である。ブラフマンの知識のみが自由をもたらすのだ。自由とは無知を打ち砕くこと、それに尽きる。そして無知は、私たちがブラフマンを知ったときにはじめて消滅するのである。ヴェーダーンタの言わんとしている事を理解するために、あれこれ儀式をおこなう必要はない。オームを繰り返すだけで十分である。

差異を見ることが、あらゆる悲惨さの原因である。そして無知が、差異を見る原因である。だからあれこれの儀式は不要だと言うのだ。儀式は違いの感覚を助長する。ひとは「これこれを取り除いてほしい」とか「これこれを与えてほしい」ということのために儀式をおこなっているのだ。

ブラフマンは不動である。アートマンはブラフマンであり、私たちはアートマンである。これが理解できると間違いはすべて正される。この知識に耳を傾け、知性をもって深く考え、そして最後にそれを悟ることが必要だ。考えを深めるとは、思考力をもちい、この知識を思考によって自分自身の中に確立することである。悟りとは、途切れることなくそれを考えることによって、それを毎日の生活に欠かすことのできないものとすることである。この継続的な思い、つまりディヤーナは、一つの容器から別の容器へと注《そそ》がれる、絶えることのない油の流れのようなものだ。ディヤーナは昼となく夜となく心をこの思いに留《とど》まらせる。ディヤーナはそのようにして私たちが悟りに到達するのを助けてくれるのである。つねに「ソーハム、ソーハム」と考えなさい。それは悟りに限りなく近い。昼も夜も「ソーハム」と唱えなさい。絶え間なくそのことを考えていれば、その結果として悟りがもたらされるだろう。全身全霊で、このように途切れることなく主を思い続けること、それこそがバクティの意味するところである。

バクティは、良い働きをなすことにより、間接的に身に付いていく。善良な思い、善良な行動は、悪い思いや行いよりも差別心を生じない。だからそれらは間接的に人を自由へと導いてくれるのだ。働きなさい、だがその成果は主に捧げなさい。知識だけが、私たちを完全にすることができる。信仰とともに「真実である神」にしたがう人、その人には「真実である神」がご自身をあらわされる。

私たちはランプのようなものだ。その燃える姿を人は「生命」と呼ぶ。酸素の供給が止まれば、ランプは消えるほかない。私たちにできることは、ランプをきれいにしておくことだけである。生命とは元素からつくられたもので、元素の複合体なのだから、元素に帰っていくべきものなのである。

＊　＊　＊

七月九日（火曜日）

アートマンとしての人間は、本当は自由である。しかし人間としての人は、束縛された存在である。物質的な状況が変わればそのたびに自分も変わる。人間としての彼は、そうした束縛からの「解放」を夢見る機械である。それでもこの人間の身体は最高の身体であるし、人間の精神は、存在し得るものの中で最高の精神なのである。人がアートマンに到達すると自分の思うままの身体をまとうことができる。彼は自然の法則を超える。これは一つの声明だ。それが正しいかどうか、証明がなされなければならないが、それはひとりひとりが自分の身において確かめるべきものである。自分を納得させることはできても他人を納得させることはできない。

ラージャ・ヨーガは修行の成果がはっきりわかる唯一の宗教科学である。私は自分が経験して得心したことだけを教える。理論を突き詰めて得られるものは直感である。よって直観は理論と相対立するものではない。

働きは心を清め、やがてヴィディヤー（明知《めいち》）へと導く。仏教徒たちは、人びとと動物に善をなすこと、それだけが働きであると言った。ブラーミンたちは、礼拝やすべての儀式は「働き」に等しく、心を清めると言った。シャンカラは、「すべての働きは、善でも悪でも、知識に反する」と言明した。無知へと導く行為は罪である。直接ではないとしても、それが原因でそれらはタマスやラジャスを増大する傾向があるからである。明知はサットワとともにのみやってくる。徳のある行為は知識にかぶさる覆いを除き、そして知識だけが私たちに神を見させることができる。

人が恣意《しい》的に知識をつくりだすことはけっしてできない。それは自分の内に見いだすものである。この大いなる発見を成し遂げるのは、真理に深く心を動かされた人である。誰の場合でもそうだった。その人が霊的真理をもたらすなら、彼は預言者と呼ばれ、物質世界の真理をもたらすなら、科学者と呼ばれる。真理という源泉は一つであるが、私たちは前者の方により高い意義を与えるのである。

シャンカラは言う。「ブラフマンがすべての知識の実体そのものであり、エッセンスである」と。そしてさらに、この世にあらわれているものすべて――知る者、知るという活動、知る対象などは、ブラフマンの想像の産物でしかない、と。ラーマーヌジャにおいては、意識は神に帰される。真正の一元論者は、何も神に帰《き》さない。存在そのもの（それが何をさすのかは別にして）さえ、神に帰することはしない。ラーマーヌジャは、神は人の知識の精髄だ、と言明した。何の限定もない意識が限定されるとき、この世界となるのである。

＊　＊　＊

世界でもっとも哲学的な宗教の一つ、仏教は、インドの一般大衆をとおして全土に広まっていった。

彼らがこうした考えを把握することができたなんて、二五〇〇年前のアーリア人にはなんてすばらしい文化があったのだろう！

ブッダは、カーストを認めない、たったひとりの偉大なインド哲学者であったが、今のインドに彼の教えに従う者はほとんどいない。他のすべての哲学者たちは社会的先入観に大なり小なり迎合した。どれほど高い教えを説こうと、多少の文化の影響を免れることはできなかったのだ。私の師がよく言っておられた。「ハゲワシは見えなくなるまで空たかく舞い上がるが、その目はつねに地上の腐肉の一かけらに注がれている」と。

＊　＊　＊

古代のヒンドゥ教徒たちは、生きる百科事典といってよいほど豊かな学識を誇った学者たちであった。その彼らがこう言っている。「本の中の知識、他人の手の中のお金、そういうものは知識でもないし、お金でもない」と。

シャンカラは、多くの人びとによってシヴァの化身と見なされていた。

七月一〇日（水曜日）

インドには六五〇〇万人のイスラーム教徒たちがおり、その何人かはスーフィー教徒である。スーフィー教徒は人と神とを同一視しており、彼らをとおしてこうした考えがヨーロッパに伝わっていったのだ。「私がその『真実』である」と、彼らは言う。彼らは奥義と同時に一般向けの教義も持っていた。

モハメッド自身はそのような教義を支持していなかったが。イスラーム教の古い宗派はその教義の一部として不信人の者らを殺したので、「ハッシュシャシン」という言葉は「暗殺者〔1〕」を意味する言葉となった。

〔1〕軍隊の名であり、一一世紀にシリアに存在した宗教団体。その長《おさ》の意志にしたがい会員により極秘に殺害された人の数は、悪名高い。言葉の文字通りの解釈は『ハシシを食べる人』である。彼らは任務をおこなう殺人者を強化するため、特別なドラッグの習慣的使用をこの団体に持ち込んだ。

イスラーム教徒たちは礼拝のとき、宇宙を満たす神の象徴としての水がめを必ず用意しなければならない。

ヒンドゥ教徒たちは一〇の神の化身がいると信じている。九人までがすでに存在し、これから一〇人目があらわれようとしているのである。

＊　＊　＊

シャンカラは、ヴェーダという書物の思想が彼の哲学を肯定していることを証明しようとして、ときには詭弁《きべん》を使った。ブッダはどのような師よりも、より勇敢で、誠実であった。「書物を信じてはならない。ヴェーダはすべて子供だましだ。ヴェーダの書物が私の言うこととおなじことを言っているなら、その書物にはそれだけの価値がある。私自身が最高の本である。犠牲の儀式も礼拝もまったく必要はない」と言っている。ブッダは、完璧に倫理的に生きるとはどういうものか、その身をもって世に示したはじめての人間であった。彼は善のために善をなし、愛のために愛した。

シャンカラは言う。神は論理的に導きだされるべきものである、なぜならヴェーダにそう述べてあるから、と。理論は経典をより受け入れやすくするし、読む者の悟りを深める。その二つは神の実在を証明するものである。ヴェーダとはシャンカラによると、普遍的な知そのものが形となったものなのである。ヴェーダは、それがブラフマンによって生みだされたことによってその真実性を証明される。ブラフマンのみが、そうしたすばらしい書物を世にだすことができるのだ。ヴェーダはすべての知識の鉱脈であり、それらの知識はブラフマンのなかからでてきた。人が息を吐き出すように。それだから私たちは、ブラフマンが力においても知識においても無限であるとわかるのだ。ブラフマンが宇宙を創造したにせよ、しなかったにせよ、それはたいしたことではない。ヴェーダを生みだしたこと、それがなによりも重要である。世の人びとは、ヴェーダをとおして神を知るようになった。ほかに神を知る方法はなかった。ヴェーダにすべての知識が網羅されているというシャンカラの信条が広く受け入れられたため、「牛が見えなくなったらヴェーダのなかに探しに行け」というヒンドゥの格言さえある。

シャンカラはさらに、儀式に従うということは知識ではないと断言している。神を知ることは、道徳的義務、犠牲供養、儀式、われわれが考えること、考えないことなどに縛られない。切り株を、ある人はそれをお化けと見、ある人はただの切り株と見たからといって、切り株がなんの影響も受けることがないのと同様である。

ヴェーダーンタの教えを知ることが絶対に必要である。推論も書物も神を見せてはくれないのだ。

神は超意識的な感覚において悟ることができ、ヴェーダーンタはその方法を教えてくれる。あなたは人格神（イーシュワラ）を超えて絶対なるブラフマンに達しなくてはならない。生きとし生けるすべてのものが知覚しているのがブラフマンなのだ。ブラフマンのほかに知覚するものはない。私たちが「私」と言うとき、ブラフマンが「私」と言う。私たちは昼も夜もブラフマンを見ている。だがその事実を認識していない。しかしこの真理に気がつけば、たちまちすべての悲しみが消え去る。だから真理を知ることが重要なのだ。神と一体になりなさい。そうすれば二元性は二度とあらわれない。この悟りは犠牲供養をすれば得られるというようなものではなく、真理を追い求め、神を崇拝し、アートマンを知ることによって得られる。また知識は、犠牲によってはやって来ず、探求によって、礼拝によって、アートマンを知ることによって、やって来るのである。

＊　＊　＊

ブラフマヴィッディヤー、つまりブラフマンを知ること、それこそが最高の知識である。それより低い知識が科学である。これがムンダカ・ウパニシャドやサンニャーシンのためのウパニシャドの教えだ。知識には二つの種類、一義的なものと二義的なものとがある。本質的でないものはヴェーダの中の礼拝や儀式に関する部分と世俗知識に関する部分である。本質的なもの、それは私たちがそれによって絶対に達するもののことである。「絶対なる者」は、「それ」自身の本性から、すべてを創造している。「それ」のほかに創造の原因はないし、「それ」には外がない。ブラフマンはエネルギーそのものである。存在するものはそれのみである。人生のすべてを賭けてアートマンを求める人、そのような人だけがブラフマンを知るのだ。おろかな人びとは礼拝の様式を守ればそれで最高だと思い、社会奉仕をすれば神を獲得できると考える。スシュムナー(ヨーギーたちの道)を歩む者たちだけがアートマンに達する。彼らはグルのもとへと学びに行かなければならない。部分は全体とおなじ性質をもつ。すべてはアートマンから発しているのだ。瞑想が矢であり、神に向かう魂全体がアートマンという標的を撃つ、弓なのである。限界あるものにとって、無限を表現することは到底不可能なことであるが、それでも私たちは無限なのだ。これを知ると、私たちは、誰と議論をすることもできなくなる。神聖なる明知は、信仰によって、瞑想によって、純潔さによって得られる。「真実のみに勝利がある、不真実に勝利はない」真実をとおしてのみ道はブラフマンへと広がる。そこには愛と真実のみがある。

七月一一日(木曜日)

母の愛なくして、創造が存続していくことはありえない。完全な唯物論も、完全な形而上学《けいじじょう》もない。一つはもう一つを前提として他を説明するからだ。すべての有神論者たちは目に見える宇宙の背後の何かを認めている。彼らは、その背後の特質や性質の違いについての意見を異にする。物質主義者は背後には何もないと言う。

すべての宗教における超意識の状態は、まったく同一のものといえる。ヒンドゥ教徒、キリスト教徒、イスラーム教徒、仏教徒、そして信条のない人たちでさえも、あらゆる人びとが肉体を超越するとき、そのときにはおなじ経験をするのだ。

世界でもっとも純粋なキリスト教がイエスの死後約二五年後に、使徒トーマスによってインドにうち立てられた。これはアングロサクソンが身体に色を塗り洞くつに住んでいた、未開なころのことである。かつてインドではキリスト教徒が約三〇〇万人を数えたが、今では一〇〇万人くらいになった。キリスト教はいくども剣による布教活動をおこなってきた。キリストという、優しい魂の人の弟子たちがあれほど多くの人を殺したとは、なんと驚くべきことだろう。三つの伝道宗教というのは、仏教、イスラーム教、キリスト教である。これら三つの宗教よりも古い、ヒンドゥ教、ユダヤ教、ゾロアスター教は、けっして改宗させることはしなかった。仏教徒は殺すことなく、真の優しさによって、一時、世界の四分の三の人びとを改宗させた。

＊　＊　＊

仏教徒はもっとも論理的な不可知論者である。すべてを無と見るか、不二一元と見るかであり、二つの見方の中間をもたない。仏教徒たちは理論を究極にまで突き詰めて知的怠慢を許さなかった。非二元論者（アドヴァイティスト）たちもまた、自分たちの理論をその究極の結論まで持っていって、絶対者、一なるもの、偏在している統一的な存在に到達した。すべての現象はその絶対者から生まれ出る。仏教徒も非二元論者も、すべてのものの一体性を感じ、同時に不一体性を感じているのだ。仏教虚無主義は不一体性［1］の中に真実性をおき、非二元論者は一体性［2］のなかに真実性をおく。これらの思いのどちらかが間違っている、残りの一つが真実だ、これが世界中を占めている争いであり、それは実に「綱引き（主導権争い）」である。

［1］関連なき諸感覚。
［2］存在の一体性。

非二元論者はたずねる。「どのようにして虚無主義者が一体性という考えを得るのか？［3］」回転する光は、どうして輪に見えるのか。不動の背景があればこそ動きがわかる。ならば現象の背後の、不可分の実在を認めないわけにはいかない。虚無主義者はこれを迷妄と呼ぶが、しかしこの迷妄がどこからくるかの説明はできない。非二元論者もまた、どのようにして一が多となるのかを説明することはできないのである。その説明は、感覚という段階を超えたところからのみやってくる。私たちは、超意識へ、感覚認識を完全に超えた状態へ目覚めていかなくてはならない。形而上《けいじじょう》の力は、非二元論者だけが使うことのできるより進歩した道具なのだ。彼は絶対なるものを経験することができる。ヴィヴェーカーナンダという人間は、みずからの意思で絶対者に没入することができ、それからふたたび人間に戻ることができるのだ。第一義的にそれは彼自身の問題の解決であるが、それは第二義的には他の人たちのためにもなる。その人たちに道を指し示すことができるからである。哲学が究極までいくと、そこから宗教が始まる。

［3］仏教的理想主義者（シャンカラは虚無主義者と呼ぶ）は感覚のみを実在として受けいれる。彼は先が燃えている一本の棒をその例として挙げる。その棒を回すと、一点の炎は火の輪という幻覚を生み出す。そのように、感覚が欲望という風に動かされると、名前と形という幻覚が生みだされる。

そのような悟りが世にもたらす「善」は、今の時点での超意識が、未来の世代ではすべての人の意識になる、ということである。だからこそ宗教は、この世において人がなし得る最高の勤めだというのである。無意識ではあるが、人類はそれを感じていたから、幾多の時代の波を経ても宗教の思想を手離さなかった。

ミルクをたっぷりだす乳牛である宗教は、たびたび人を蹴《け》ってきた。だが気にするな。たくさんの乳を与えてくれるのだから。よくミルクを出す牛が少しぐらい暴れても酪農家は気にかけないものだ。

サンスクリット語の劇文学「プラボッダ・チャンドロダーヤ」は、幻惑と識別という二つの王の戦いを記している。識別という王は完全な勝利を得られなかった。最後に彼は、ウパニシャドという女神と再結合し、二人の間にはプラボッダ、知識という子供が生まれた。二人は、この息子の影響で、だれも敵と見なすことができなくなり、その結果、彼らは大きな幸福の中で生活した。私たちもプラボッダのような輝かしい子供をもうけよう。彼を育み、成長を助けよう。そうすれば彼は偉大な英雄となる。

愛は意志の力を最大限に集中させる。努力など必要ない。それはちょうど男女が恋におちるときのようなものだ。神にすべてを捧げる道は心の自然にかなって快い。哲学の道は山あいの水の流れをその源へとさかのぼらせるようなものだ。より速やかな方法ではあるが、たいへんにきびしくもある。哲学は言う、「すべてを統率せよ」と。信仰は言う、「流れに身を任せなさい、永遠に自分を神に捧げきりなさい」と。それはより長くかかる道ではあるが、より簡単で、より幸せな道でもあるのだ。

「永遠に私はあなたのものです。これから私のすることすべては、あなたがなさっているのです。

もはやそこには、私もなければ、私のものもありません」と信仰者は言う。そしてさらに、「捧げる財産もなければ、学ぶ知能もなく、ヨーガを実践する時間もありません。おお、あなた、甘美なお方よ、この私を、この身も、この心も、『あなた』に捧げます」と。

どのような無知も、どのような悪い考えも、魂と神の間に障壁をおくことはできない。たとえそこに神がおられなくても、なお愛にかたくしがみつけ。腐肉だけを求める犬であるより、神を求めて死ぬほうがずっとましだ。もっとも高い理想を選び、それにあなたの人生を捧げきれ。死は確実にあるならば偉大な目的のために人生を捧げきるのが最高のことである。

愛は厳しい修行を経ずして人を哲学へと導く。知識を得たあとにはパラーバクティがやってくる。哲学的知識は、何事も安易に受け入れることなくすべてを厳しく議論せよ、と言う。しかし愛は言う。「神が私に真のお姿をお示しくださる」と。そしてすべてを受け入れるのだ。

ラビア

病床にあったラビアは、
二人の聖者の訪問を受けた——
イスラーム教徒の間で重きを置かれていた
聖マリクと、賢者ハッセンである。

ハッセンが言った、「祈りの清らかなものは
神の懲罰に耐えるであろう」
マリクはより深い理解を
自分の経験に照らして述べた、
「師があなたのためにお選びになったことを
こころから善しとする人は
懲罰の中にあってもそれを喜ぶ」
ラビアは二人の金言の中に
利己心が残っていることを見抜き、
こう答えた、「おお祝福された方々よ
師の御顔を見るものは
祈りの中で、懲罰をくだされたなどと
思い及ぶことさえないのです」
（ペルシャ人の詩）

七月一二日（金曜日）

（シャンカラの注釈）

ヴィヤーサ・スートラの第四章、『アートマンまたはブラフマンはあらゆる聖典の目的である』イーシュワラはヴェーダーンタで語られ、すべてのヴェーダが指すところの「彼」（創造者、維持者、破壊者でもある原因者）である。イーシュワラとは、ブラフマー、ヴィシュヌ、シヴァとして知られる三神が一つとなったものである。それはヒンドゥ教の神殿の頂《いただき》に立つ。『『あなた』は、この暗い海の向こう岸へと、私たちを連れていってくださる父であられます」（師への弟子の言葉）

ヴェーダはあなたにブラフマンを示すことができない。あなたがもうすでに「それ」だからである。ヴェーダは私たちの目から真実を隠す覆いを、ただ取り去ることができるのみである。取り去るべき最初の覆い、それが無知である。それがなくなると、罪も行ってしまう。次に欲望が消え、利己心が終息し、すべての悲しみが消える。無知がなくなるときは、神と私が一つであると知るときのみである。ほかの言い方をすれば、自分を人間の限界と同一視することなく、アートマンと一つになることである。この肉体とあなた自身を同一視しないこと、そうすればすべての痛みは消えるのだ。これが自己回復の秘訣《ひけつ》である。宇宙は催眠状態にある。自分自身をこの催眠状態から目覚めさせよ。するとこの苦悩は止まる。

自由になるためには、悪をとおって徳へと進み、そして両者を乗り越えていかなければならない。タマスはラジャスによって克服され、両者がサットワに没入し、そして三つの性質をも超えていくのだ。あなたの呼吸そのものが祈りだというその状態にまで達するのだ。

学ぶというのは他の人の言葉から何かを得るということだが、それはすなわちあなたが前世でそれを経験しているということだ。経験だけがあなたに教えることができる。

知力、財力、権力などが増えれば、辛苦も増える。だから欲望を殺しなさい。欲望を満足させるのはスズメバチの巣に棒を突っ込むようなことである。ヴァイラーギャとは、欲望が金メッキの毒の玉にすぎないことを理解することである。

「心は神ではない」とシャンカラは言う。「タット・トワム・アシ」、「アハム・ブラフマースミ」――「それがあなたである」、「私はブラフマンである」。人がこのことを悟るとき、すべての心の結び目がたち切られ、すべての疑いが消える。神を自分より上においている限り、恐れは残る。私たち自身が神でなければならない。分離されたものは、いつまでも分離されたままだ。もしあなたが神から離れた存在だというなら、けっしてあなたは神と一つになることはないし、その逆、つまり神があなたから離れている場合も同様である。善行をなして徳を積むことで神とつながるというならば、徳が消えれば分離するということである。神と人の一体性は永遠なのだ。徳はヴェールを取り除く助けをするだけである。私たちはアザード（自由）なのだ。その事実を悟らなければならない。ウパニシャドは言う、「真の『自己』は自己が選んだ人によってのみ知られる」。すなわちこれは、私たちが真の「自己」であって、私たちが自己を選ぶ、ということなのである。

真実を見るには私たち自身の努力が必要か、それとも外の力が必要か。無論、私たちに責任がある。真実を見る努力をし、ほこりを取り除くのだ。鏡そのものが変化することはない。

知る主体、知るという行為、知識の対象などは存在しない。自分が知らないということを知っている人は「それ」を知っている。理論だけの人は何も分かっていない。

自分を束縛された存在だと考えること、それがまさに幻想なのである。

宗教は現世にかかわることではない。それは心を浄化することであって、この世にもたらす効果は二義的なことである。自由はアートマンの本質と不可分である。アートマンは永遠に純粋で、永遠に完全で、永遠に不変である。人はけっしてこのアートマンを知ることはできない。アートマンについては「これではない、これではない」としか言えないのである。

「ブラフマンとは、精神の力や想像の力を駆使しても、絶対に追い払うことのできない存在である」（シャンカラ）

＊　＊　＊

この宇宙は思いである。ヴェーダは思いをあらわす言葉である。私たちはこの宇宙全体を、創造することも、創造しないこともできる。言葉を繰り返すことで目に見えない思いが起こり、その結果、目に見える影響が生じる――カルミスの一派はこう主張する。

彼らの考えによれば、私たちひとりひとりが創造主だということになる。ある言葉を発してみよ、それに対応する思いが生起し、結果は目に見えるものとなろう。「思いとは言葉の力、言葉は思いの表出である」とヒンドゥ哲学の一宗派ミマーンサカが言っている。

七月一三日（土曜日）

私たちの知っているすべてのものは、混ぜ合わさったものであり、すべての感覚知識は分析をつうじてやってくる。心を単一で混じりけのないものと考え、それ自体で存在していると思うのは、二次元的な考えだ。哲学の理解は本の研究によって身につくものではなく、さまざまな本を読めば読むほど頭は混乱する。考えの浅い哲学者たちは、心は混じりけのない単一の物質だと思った。その結果、彼らは自由意志を信じるようになった。心を分析する心理学によって、心は多様な側面の複合体だとわかった。複合体というのは何らかの外側の力で統一されていなければならない。意志が心の一側面であるからには、それはいくつかの外側の力の組み合わせなのである。空腹のときは別として、人は意志して食べることはできない。それは欲望に左右される。それでも、私たちは自由である。それは誰もが感じている。

不可知論者は、自由の観念は迷妄である、と言う。それならばこの世界が存在することを、何をもって証明するのだろう。誰もがそれを見、それを感じている、という以外に証明の方法はない。そしてそれとおなじほどの根源的な認識として、人は自由を感じるのである。「この世界は在る」というのが人類共通の同意事項なら「自由」の観念も共通である。人は生まれながらにして自由を信じている。それが思考の基礎となっている。自由とは意思の自由ということだ。束縛を受ける以前の意志の自由である。自由意志とはどのようなものか。それは人類が束縛に立ち向かい戦う一瞬一瞬に如実にあらわれる。それは条件付けられることのない、永遠で無限定な存在、ただ一つのお方、そのお方のみが自由なのである。人間にとっての自由は遠い記憶でしかない。なんとか自由を獲得しようとする試みでしかない。

この宇宙に生きるものはすべて、源へ帰る円を完成させよう、自分の本来の源、アートマンへ帰ろうと奮闘している。幸福を求めることはバランスを見つけ、平衡を取り戻そうとする努力なのだ。倫理とは、束縛された意思が自由になろうとする戦いであり、私たちが本来完全なる者からきていることを物語るものである。

＊　＊　＊

義務の観念は、魂そのものを焦がす真昼の太陽である。「おお、王よ、この甘露の一滴を飲んで幸せとなれ」(「私は行為の主体ではない」――これが甘露である)
反応することなしに行為をしようではないか。行為とは楽しいことで、すべての悲しみは単にその反応である。子供が手を炎に入れるときはおもしろいと感じる。しかしその組織網が反応するときには燃えるような痛みがやってくる。私たちがその反応を止めることができるとき、そのときには恐れるものは何一つない。頭脳を抑制し、記憶を読ませないようにせよ、傍観者であれ、そして反応することなしにいるのだ、こうしてはじめてあなたは幸せでいることができる。私たちが知る、今まででもっとも幸せな瞬間とは、私たちが完全に自分自身を忘れてしまったときである。義務感からではなく、あなた自身の自由意志から働きなさい。私たちに義務などというものは一つもないのだから。世界は私たちが戯《たわむ》れる競技場のようなものだ。人生は永遠の休日なのである。
存在の秘訣はすべて、恐れを持たないということに尽きる。これからどうなるのだろう、などとけっして恐れるな。誰にも頼ってはならない。すべての助けを拒否した瞬間にのみ、あなたは自由になれる。スポンジは水をたくさん吸収すると、それ以上は吸収することができなくなるものだ。

＊　＊　＊

自己防御のための戦いは、攻撃のための戦いより高いことではあるが、しかしそれさえも間違いである。「正しい」憤慨というものはありえない。というのも憤慨そのものが、すべてのうちにある同一性を認識しないところからやってくるからである。

七月一四日（日曜日）

インドでいう哲学とは、それをつうじて神を見るものを意味する。それは宗教の論理的あとづけである。だからヒンドゥ教徒は誰ひとり、宗教と哲学にどんな関連性があるかなどと聞いたりしない。

具体的、概括的、抽象的なものが哲学の過程における三つの段階である。すべてのものが一点で調和に達するもっとも高い抽象、それが一なるものである。宗教において、私たちはまず象徴と形をもつ。次が神話であり、そして最後に哲学がくる。はじめの二つはさしあたり目的に役立つ。そして哲学はすべてに横たわる基礎である。ほかは究極に到達するために格闘している人にとっての単なる踏み石にすぎない。

キリスト教は、新約聖書とキリストなしに宗教はありえないと考える。ユダヤ教でもモーゼや預言者なしに宗教はありえない。なぜかといえばこれらの宗教は神話に頼っているからである。本当の宗教、最高の宗教は、神話をはるかに超える。神話にとどまることは不可能なのだ。現代の科学は実に宗教の基礎を固めた。宇宙全体は一つだ、ということが科学的に論証できるものとなったのだ。形而上学者が「存在するもの」と呼ぶものを、物理学者は「物質」と呼ぶ。だが二つの間に真の対立はない。なぜなら実は両者は一つだからである。一原子にも満たぬ、考えられないほど精妙なものではあるが、そこに宇宙の全体の力と可能性があるのである。それがまさにヴェーダーンティストがアートマンについて言っていることなのだ。すべての宗派が、まさに同じことを、ただ違う言葉で言っている。

ヴェーダーンタも現代科学も共に、自己進化が根源であると断定している。自身の中に原因のすべてがある。例えば陶工がポットをつくっているとする。陶工が根本の原因であり、粘土が物質的な原因であり、ロクロが手段となる原因である。しかしアートマンはこの三つのすべてなのである。アートマンとは原因であり、あらわれでもあるのだ。ヴェーダーンティストは、宇宙は真実ではなく、ただのあらわれであると言う。自然とは、無知をとおして見ることのできる、神そのものである。多神教信者たちは、神は自然というこの世界になられたと言う。アドヴァイティストたちは、神がこの世界としてあらわれていると断言しているが、彼がこの世界である、と言うことはない。

私たちは、脳に記されたものと同一の心のうちの事実、つまり心理的な過程としての経験を、ただ知ることができるだけである。私たちは脳を後ろに押すことも、前に押すこともできない。しかし心は、過去、現在、未来……とつねに引き伸ばすことができ、それゆえ心のなかの事実は永遠に保たれるのである。すべての事実はすでに心の中で一般化され、そして遍在している［1］。

［1］宇宙に存在するすべての創造物は、時と因果関係から成り、それ自身を思考や感情や意志として表しているので、心と記憶を超えて存在することはできない。ゆえに宇宙全体、つまり時と因果関係はその中に存在しなければならない。したがって心は遍在なのだ。個々の心は湾、つまり海の一部ではあるが、ほとんどの部分は陸に囲まれ海につながるのは狭い通路だけである所のように、それは肉体に閉じ込められている。

カントがなし遂げた偉大なこと、それは「時間、空間、原因が、思考の方式である」ということであるが、ヴェーダーンタは幾世代も前にこのことを説き、それを「マーヤー」と呼んだ。ショーペンハウエルは、理論にのみ立脚してヴェーダを合理化した。シャンカラは、ヴェーダの伝統性を維持した。

木々のうちに見いだされる「木らしさ」、あるいは「木」という考えは知識であるが、最高の知識は一つであるという知識である。

人格神というのは宇宙において最後に普遍化したものであり、朦朧《もうろう》としてはっきりとしておらず、哲学的ではない。

一体性に立つということは自己進化であり、そこからあらゆるものが生じる。物質的科学は事実を見いだそうと欲し、形而上学はそれらの事実の花々をしばって花束を作る糸である。あらゆる抽象概念が形而上学である。肥料を木の根にやっていてさえも抽象概念の過程へと巻き込んでいく。

宗教には具体的な面、より一般化した面、そして究極の一体性、という各面がある。一つの宗派の特殊な一面に固執してはならない。教えの根本を見いだし、一なるものに到達しなさい。

＊　＊　＊

悪魔は暗闇の機械であり、天使は光の機械である。しかし両方とも機械だ。人間だけが機械ではない。機械的な考えを打ち捨てよ。あなたは天使よりも悪魔よりも上だ。それを感得せよ。そのときはじめてあなたは自由になれる。この世界だけが、人が自分自身を救済することのできるたった一つの世界なのだ。

「真の自己が、『自己』の知者を選ぶ」というのは本当だ。選択がなされるのは本当だ。しかしそれは個人の内的経験として理解されるべきものだ。外面的宿命的な教義として理解されるなら、それは人を絶望させる。

七月一五日（月曜日）

チベットのように一妻多夫性のある所では、女性は男性より肉体的に強い。イギリス人たちがチベットに行くとそこの女性たちが彼らを運ぶ。

もちろんマラバー［二］は一妻多夫性ではないが、そこでは女性がすべてを先導している。どこを見ても驚くほどきちんとかたづき、非常に高い向学心が見られる。私がその地を訪れたときには正確なサンスクリット語を話す女性に何人も出会った。インドの他の地方では一〇〇万人にひとりの女性もサンスクリット語は話せないというのに。自由は人の心を向上させ、奴隷状態は人をおとしめる。

マラバーの国は、今までポルトガル人やイスラーム人によって征服されるということがなかった。

［一］ケララの近く（インドの南西部）。

ドラヴィダ人は中央アジアの非アーリア民族であった。アーリア人よりも先住していた民族で、南インドでもっとも文明化した人びとであった。彼らとともにあった女性たちは男性たちより高い地位にあった。その後彼らは分かれ、ある者はエジプトへ、ある者はバビロンへ、そして残りの者たちはインドにとどまった。

七月一六日（火曜日）

（シャンカラについて）

アドリシュタム、「目に見えない原因［1］」に導かれて私たちは儀式や礼拝をおこない、それらは目に見える結果をもたらす［一］。しかし解脱に達するためには、まずブラフマンについて聴かなくてはならないし、それから熟考し、推論しなくてはならず、そしてブラフマンを瞑想しなくてはならないのである［二］。

［1］ヴェーダの神秘主義者によると、犠牲供養のときに捧げられた供物はアドリシュタム、つまり目に見えない要素に変質し、現に目に見える結果を生み出すとされている。

［一］この場合、シャンカラはカルマ（働き）をヤッギャー（犠牲供養）と解していた。

［二］「ヴェーダーンタ・サーラ」の中で、ブラフマンの直観を得るための修行の手段として、シュラーヴァナ（学習）、

マナナ（思考）、ニディッデャーサナ（念想）がサマーディ（三昧）へと導くとされている。

働きの結果と知識の結果は、二つの異なるものである。「すること」と「してはならないこと」は、すべての道徳の背景にあるが、それらは実際には、身体と心だけに属している。喜びと悲しみは、すべてそれらを経験する感覚と密接に関係しており、そのために身体が必要なのである。身体が精妙になればなるほど心の高さも増す。ブラフマンにいたるまでのすべてのものに身体があり、身体がある限り、快感と苦痛は続くのである。身体を放棄したとき、そのときにのみ人は身体から解放される。「アートマンに身体はない」とシャンカラは言っている。

あなたに自由を与えてくれる法則などない。あなたは自由なのだ。もしあなたが本来自由でないというなら、外の何物もあなたに自由をもたらすことはできない。アートマンはみずから光り輝く存在である。原因と結果がアートマンに影響を与えることはありえない。光り輝くもの、それが自由なのである。過去に存在し、未来に生じるものを超越した存在、それがブラフマンなのである。行いの結果として何らかの自由を獲得しても、それには意味がない。そのような自由は思いや行為によってもたらされたものであるため、すでに束縛の種が含まれているからだ。自由、それは唯一の真実である。それは獲得できるものではない。それは真実を構成するものだ。それは獲得すべきものではなく、魂が本来持っている性質なのである。

しかしながら働きと礼拝は、ヴェールをとり除き、束縛と迷妄をとり払うために必要なものである。それらは私たちに自由を与えはしないが、それでもやはり私たち自身の努力なくしては、目を開けて本当の自分自身を見ることはできない。シャンカラは、アドヴァイタ・ヴェーダーンタはヴェーダの無上の栄光である、とまで言っている。しかし、より低いヴェーダもまた必要なのであり、それらは仕事と礼拝を教え、これらをとおして多くの人びとが主へと向かって行くのを助ける。他の人たちはどのような助けもなく、ただアドヴァイタのみでやって来る。仕事と礼拝も、結局アドヴァイタとおなじ結果へと導いていくのである。

本が、神について教えることはできないが、無知を打ち破ることはできる。経典は誤謬《ごびゅう》を否定する。経典に依拠していながら同時に自由への道を開いたこと、それがシャンカラの偉大な業績であった。しかし、それを達成するためにシャンカラは非常に瑣末《さまつ》な議論を行わなければならなかった。人を導くにははじめに真実を述べ、ゆっくりと一つ一つの段階を経て、最高の境地へのぼらせるべきである。色々な宗教がその努力をしている。それが各宗教の存在意義であり、それぞれが人びとの精神的な発展段階に呼応している。経典自体が人びとが捨て去ろうとする無知の一部分なのである。経典の役割は真実を覆い隠している無知を取り払うことなのだ。「真実は不真実を退ける」。あなたは自由なのだ。何かがあなたを自由にすることはできないのである。

教義にとらわれている限り真に神を知ることはできない。「自分は知っている、と思っている人は何も知ってはいない」ということだ。知る主体を知ることができるだろうか。存在には神と宇宙という二つの永遠に変わらぬ事態がある。神は不変であり、宇宙は生々流転する。世界は永遠に存在している。人の心でとらえることのできない大宇宙の変化を人は永遠と呼ぶのだ。石の上に彫られたレリーフを見るとき、人は石とレリーフを同時に見ることはできない。しかしそれらは同一のものなのである。

あなたに心身のすべての活動を一秒でも静止することができるか。ヨーギーたちはみな、あなたにはそれができる、と言っている。

＊　＊　＊

一番大きな罪は、自分を弱いと思うことである。あなたより偉大なものはない。あなたはブラフマンなのだと知りなさい。あなたに力を持つものは、あなたがそれにたいして力を与えたもののことである。あなたは太陽を、月を、宇宙を超越した存在だ。人の神性を教えなさい。悪を否定し、悪をつくらぬようにしなさい。立ちあがって、「私は主である、すべてのものの主である」と言いなさい。私たちは自分で鎖をつくった。私たちだけがそれを壊すことができるのだ。

なにかの活動をすることで自由を得ることはできない。真実を知ることによってのみ自由は得られる。神の知識にはあらがいがたい力がある。心はそれを認めることも拒否することもできない。知識が訪れるとき、心はそれを受けいれるほかないのだ。それは心の努力によって得られるというものではない。知識は心を介してあらわれ出るのである。

働きと礼拝は、あなたを、あなた自身の本性へと引き戻すものである。幻想によって「自己」を身体と同一視するようになったのだから、幻想を取り除けばこの身体を持って生きながらも自由を得ることはできる。私たちの身体に「自己」との共通性は何もない。幻想とは不真実を真実と見ることである。「何も存在しない」ということではない。

七月一七日（水曜日）

ラーマーヌジャは宇宙を、チット、アチット、イーシュワラ［一］、すなわち人、自然、神、と分けたが、それは、意識、潜在意識、超意識をも意味している。シャンカラは反対に、チット、魂は、神とおなじものであると言っている。神は真実であり、知識であり、無限である。しかしこれらが神の性質であるという訳ではない。神についてのどのような考えも、そこには限界があり、神について言うことができるものがあるならば、それは「オーム、タット、サット」のみである。

［一］チット＝意識。アチット＝意識でないもの、物質的なもの。イーシュワラ＝創造者。

さらにシャンカラは、あらゆるものから離れたその存在を、あなたに見ることができるのだろうか、と問うている。二つの対象の違いは、いったいどこにあるのだろうか？　もし感覚の知覚作用がなかったら、すべては、内うちなる一つのものであっただろう。私たちはものごとを順を追って認識するようにできている。ある一つのものを知るにはまずそれと異なるものを知る必要がある。その差異は記憶の中にあるのであって、その記憶にたくわえられているものと比較することによって違いを得られるのだ。違いはものの性質の中ではなく、脳のなかにある。同一性は外側にあり、差異は（心の）うちにある。ゆえに「多」という考えそのものが、心の創造なのである。

根源でつながっているものが表面上は分離して見え、それぞれの異なった部分に独特の特徴が宿る。私たちはそれを差異と見るが、何をもって違いというのか、一言でこうだ、と言い切ることはできない。私たちが見たり感じたりするすべてのものは、純粋で単一の存在そのものなのだ。多とか差異などの考えは私たちの内側にある。なんであれ、それが存在しているということだけは誰にも否定できない。差異は「第二義的な真実」といえよう。縄をヘビと見まちがえる説話があるが、その場合、ヘビにもある程度の真実性はある。見間違いではあっても何かが見えたわけだから。縄と見ることができないときにはヘビと見え、ヘビと見えないときには縄と見えるのだ。しかし一方しか見えないからと言って、もう一方が存在しなくなるわけではない。世俗の思想は神の思想を覆い隠す障害であり、それは取り除かなくてはならない。しかし世俗の思想はたしかに存在するのだ。

シャンカラは、さらに次のようにも言っている。「何かが存在するということは、究極的には知覚をとおして知ることができる」と。知覚はそれみずからが輝いており、光に満ちている。五感を超えたところに行くにも、知覚の助けが必要だ。知覚は五感や身体器官を超えている。それは五感の枠に縛られずに存在する。意識がなければ知覚はあり得ない。知覚にはみずから光り輝く性質があり、その部分的あらわれが意識と呼ばれるのだ。意識をともなわない知覚などただの一例もない。そう、意識とは知覚の生来の性質なのだ。存在者と知覚は一つである。別々のものが合体したのではない。ほかの何かに起因することなく存在するものが無限である。知覚は知覚によって知られ、ほかに証明が不要なのだから、知覚は無限だということができる。それはつねに主観的なものだ。知覚するという行為と知覚者とは一つである。知覚は心の中にあるのではない。しかし知覚は心をつくり出す。知覚は絶対的な存在であり、唯一自己を知るものだ。ということは、知覚は実はアートマンだということである。知覚はそれ自体が知覚するが、アートマンは「知る者」ではあり得ない。なぜなら「知る者」とは「知る」という行為によって「知る者」となるからである。しかしシャンカラはこのアートマンは「私」ではないという。「私が」（アハム）という意識はアートマンの中にはないから、と言うのである。私たちはこのアートマンを反映しているにすぎない。アートマンとブラフマンは一つである。

絶対者について、語るのも考えるのも、それらは相対的な世界でおこなうしかない。今述べてきたようなさまざまな理詰めの議論は、相対的世界で適用されるものである。ヨーガにおいて、知覚と覚醒はおなじものである。ラーマーヌジャが世に広めたヴィシシュタ・アドヴァイタは、部分的な一体性を見るという意味である。それはアドヴァイタに向けた一歩である。ヴィシシュタとは差異という意味なのだ。プラクリティがこの世の性質であり、そこには変化、変遷があらわれてくる。変化してやまない思想を、変化してやまない言葉で表現しても、絶対者の存在を証明できるわけがない。世俗の性質をいくらか取り除いた何かに達することはできるが、ブラフマンそのものに到達することはできないのだ。言葉の上だけの一体性、最高の抽象的思考にいたるだけである。相対的世界が消え去った境地に到達することはない。

七月一八日（木曜日）

（今日の課題は主に、サーンキヤ哲学の結論にたいするシャンカラの反論である）
サーンキヤ哲学は言う。意識とは複合物であり、最終的には目撃者としてのプルシャに行き着く。しかしプルシャは多数存在し、われわれ各自がその一つである、と。だがアドヴァイタは反対に、プルシャは一つでしかない、と言っている。プルシャは意識を持つものでも無意識のものでもなく、その他のどんな特質を持つものでもない、と明言している。意識、無意識、その他の性質はプルシャを限定的なものにするからである。それら性質はやがて消滅する。ということは、唯一の絶対的存在者にはどのような性質もないということだ。知識さえもない。そしてそれは宇宙の原因でも、その他の何かの原因でもありえないのである。「はじめに存在のみがあった。二なき一なるものがあった」とヴェーダは言っている。

知識のあるところにサットワがあるからと言って、サットワが知識の原因とは言えない。だが火のそばに置かれた鉄のボールは、火がそのボールの中に入るからではなく、ボールのうちに潜在する熱が呼び起こされることによって鉄のボールが熱せされる。同様にサットワも、実はすでに人のうちに存在しているものなのだ、と言っているのである。

シャンカラは、「知識は神の本質であるゆえに、束縛ではない」と述べている。顕現していてもしていなくても、世界は存在する。永遠の対象は現にここに存在する、ということである。

ギャーナ・バラ・クリヤー（知識・力・活動）が神なのだ。神は形を必要としない。有限なものだけが、無限の知識をつかんで逃さないために限定された姿をとる必要があるのだ。神にとってそのような手段はいっさい不要である。輪廻転生する魂などはない。ただ一つのアートマンが存在するだけなのだ。ジーヴァ、すなわち個々の魂は、この肉体の意識的な支配者である。肉体は生命の五要素によって統一されている。それでもそのジーヴァ自体はアートマンなのだ。すべてはアートマンだからである。自己についてあなたがどのように考えていようと、それはあなたの錯覚であって、それはジーヴァのなかにはない。あなたは神である。ほかのどんな考えも誤りである。クリシュナをクリシュナとして礼拝するのではなく、クリシュナの中の真の自己を礼拝しなさい。真の自己を礼拝することによってのみ、あなたは自由を得る。人格神でさえ、真の自己の限定的なあらわれにすぎない。「本当の自分とは何なのか、真剣に探究すること、それがバクティである」とシャンカラは言った。

神にいたるためにとる道はどれも正しい。それはしかし、北極星を見つけようとしてその周りの星々からその位置を推し量るようなものだ。

バガヴァッド・ギーターはヴェーダーンタについての最高の権威である。

七月一九日（金曜日）

私が「自分」を意識し、「あなた」を意識している限り、私たちを守ってくださるある神様を考え出すのは当然のことである。差異を見ている限り、それがもたらす結果を引き受けなければならないからだ。「私」と「あなた」の存在を認めるならば、二者の間に割り込んでくる「第三者」という概念も認めなければならないだろう。第三者というのがこの三角関係のかなめである。水蒸気は雪になり、水になり、ガンガーになる。しかし水蒸気のときにはガンガーはなく、水のときにはそこに水蒸気が内包されているとは考えもしない。世界の創造とか変遷とかという考えは「意思」と深くかかわっている。この世界の活動の面を見る限り、その背後に「意思」を感じとらないわけにはいかないのだ。科学者たちは、人間の感覚はある種の完全な幻想だと証明する。私たちが見、聞き、触れたり、匂いをかいだり、味わったりする対象の真の姿は、これら感覚でとらえたものとはまったく異なるのだ。ある特定の影響を生じさせる、ある特定の振動が、私たちの感覚に働きかける。私たちは相対的な真理しか知り得ないのである。

　サンスクリットで真実をしめす言葉はサット、「存在」である。人間の立場で見るとこの世界は「意思」と「意識」として立ちあらわれる。人格神も、私たちが現実的であるのとおなじくらい現実的である。だがそれ以上のものではない。また神は、私たちが他人から見えるのとおなじように、見える姿をとることもある。人間としての私たちには神が必要だが、神としてのわたしたちは何者も必要としない。だからシュリー・ラーマクリシュナは絶えず聖なる母が彼のおそばにおられる姿を見ていたのだ。母の存在はほかの何にも増して現実的なものだった。だがサマーディに入ると、「自己」以外のすべては消えてしまった。人格神はだんだんと私たちに近づいてくる。それは溶《と》けて消え去るまで近づく。そのとき人格神も、礼拝する「私」も消えて、すべては「自己」に溶けるのである。

　ある学派は、知性が「もの」に先行すると主張する。しかし知性が何かをもたらす原因であるというなら、知性自体も、それに先行する何かの結果だということになる。これがマーヤーである。神が私たちを創り、私たちが神を創る、これもマーヤーである。心が身体を創り、身体が心を創る。卵が鳥になり、鳥が卵を産む、木は種を、種は木を。この循環は途切れることがない。この世界は完全に分化しているわけでもないし、完全に均等化しているわけでもない。人間は自由なのだ、この二つを超えた高いところにいたるべきである。二つともにそれぞれの持ち場において正しい。しかし真理、内なる自己を知るためには、今知る「存在、意思、意識、行動、知識」などの概念を超越しなければならない。

肉体の姿をとったジーヴァは真の個人性を持つものではない。複合的な諸要素で構成された肉体はやがて分解される。究極まで分析してもたどり着けないもの、それのみが単一な存在である。それのみが真実のもの、自由なもの、不死なるもの、歓喜に満ちたものである。もとからありもしない「個人」としての自分を守ろうと必死になればなる程、それらの行為は悪となる。「個人」という錯覚を消し去ろうとする努力は徳となる。全宇宙の活動は意識的または無意識的に、「個人」というあり方を打ち砕こうとするものなのだ。道徳律はどれも皆、この分離感、誤った「個人」感を破壊することを基礎に置く。それが罪の根本原因だからである。最初に道徳律が存在し、あとから宗教がそれを体系化する。はじめに習慣があり、それを説明するために神話ができる。なにかが起こっている瞬間、それは人間の理解を超えた高い法によって起きている。理由づけは、人間がそれを理解しようとする段階であとから出てくるのだ。理論が先にあって物事が起きるのではない。それは事が起きたあとの「反すう」にすぎない。「理論」は人間の数々の行為を書き残す歴史家である。

ブッダは偉大なヴェーダーンティストだった。なぜなら仏教はもともとヴェーダーンタから派生したものにすぎないからだ。それにシャンカラはよく「隠れ仏教徒」と呼ばれる。ブッダが分析をおこない、シャンカラがそれを統合した。ブッダはなににたいしても臆することもなく、迎合することもなかった。ヴェーダにも、カーストにも、聖職者にも、社会の習慣にも。彼は、理論が到達できるぎりぎりのところまで深く理論を推し進めた。真実を求めるこれほどまでの捨て身の探求、生きとし生けるものにたいするこれほどまでの愛を、世界は見たことがない。ブッダは宗教界のワシントンである。ブッダは王座を勝ち取ったが、それをそのままそっくり人びとに与えた。ワシントンがアメリカの人民にたいしておこなったように。ブッダは自分のためには何一つ求めなかった。

＊　＊　＊

七月二〇日（土曜日）

「見る」こと、それが唯一の知識であり、本当の宗教である。魂についての議論を何十年、何百年しても、けっして議論で魂を知ることはできない。無数にある学説と無神論との間に差はないのだ。むしろ無神論者のほうが自己に忠実な人間といえよう。光の中で歩む一歩一歩が永遠に私のものとなるのだ。ある国に行ってその国を見れば、そこはあなたの知った国となる。だから私たちひとりひとりが自分の目で見なければならない。師たちは食べ物を持ってくるだけである。私たちは自分でそれを食べ、栄養をつけなければならない。理論的な帰結として神にいたる場合を除けば、議論によって神を証明することなどけっしてできないのである。

　神を私たちの外に求めても見いだすことは不可能だ。私たちの外にある神聖なものは、すべて私たち自身の魂から出たものだ。私たちこそがもっとも壮麗な神殿なのである。外に対象化されたものは、私たちが自己の内側に見るものの限定的でかすかな姿でしかない。

　精神の力を集中すること、それのみが神を見るただ一つの手段である。唯一なる魂——自分の魂——を知れば、過去、現在、未来の、すべての魂を知るようになる。意思の力が精神を集中させる。理論、愛、信仰、呼吸などのいくつかのものが、この意思を刺激し、制御する。集中された精神は、私たちの魂をすみずみまで照らす明かりである。

　一つの方法がだれにでも合うわけではない。それぞれの異なる方法を一つずつ踏んでいく必要もない。儀式は一番低い段階だ。次に外なる神、そのあとに内なる神がくる。人によっては一つの方法から次の方法へと徐々に移行していく方がよい場合もあるが、大多数の人は、一つの道を取り上げるだけで十分である。誰彼なく、「ギャーナ・ヨーガに到達する前にカルマ・ヨーガとバクティ・ヨーガを経《へ》なければならない」などというのは、愚の骨頂である。

　自分の理論をしっかり持っていなさい、それより高いものに達するまでは。高いものに出会ったときにはおのずとそれがわかるであろう。それは理性と矛盾するものではない。意識より高い段階はサマーディであるが、しかしけっして、感情の高揚に任せたトランス状態を本当のサマーディと間違えてはならない。本能的現象を霊感と勘違いして実際には到達していないサマーディを得たと言い張るのはとんでもない話だ。サマーディを得たか否《いな》かを外から測るテストはない。自分の心で知ることができるだけなのだ。間違いを避ける方法は反証にある。理性の声を聞くことにある。

宗教はどれもみな理性を超えたところにあるが、理性だけがそこに至る唯一の手段なのである。動物的本能は氷、理性は水、サマーディはもっとも精妙な形の、蒸気のようなものだ。それぞれが次の状態につながっている。どこを見てもこの永遠の連鎖が見られるだろう。無意識、意識、知性の連鎖、物質、肉体、精神の連鎖……私たち人間には、自分が最初に把握した特定の鎖からこの連鎖がはじまっていったかのように見える。ある者たちは肉体が精神を生むと言い、他の者たちは心が肉体を生むと言う。この議論は二者ともおなじ重要さを持ち、二者とも真実だ。私たちはこれらを超えた境地まで進まなければならない。そこには一方の側も他方の側も存在しない。連鎖はすべて、マーヤーなのである。

宗教は理論を越えたもの、自然を超えたものである。信仰とは信じこむことではない。それは究極の真理を掌握することであり、光明を得ることである。まず教えを聞きなさい。次にアートマンについて、理性が提供できるすべての理論を納得いくまで考えなさい。アートマンを洪水のように理論で覆い、流れ残った理論を手にするのだ。何も残らなければ、幸いなことにあなたは迷信には取りつかれていない、ということである。アートマンはどんな検証にも耐え得るもので、何ものによっても取り除くことができないものだと納得したときには、しっかりとその確信に立脚し、すべての人にそれを教えなさい。「真理」はあなたの占有物ではない。それはすべての人の幸せのためにある。最終的には完全な平和のうちに真理を瞑想し、精神を真理に集中させ、真理と一つになるのだ。そのときにはもう言葉はいらない。沈黙のうちに真理はあらわれ出る。おしゃべりにエネルギーを浪費することなく沈黙のうちに瞑想をおこないなさい。外の世界の慌ただしさに心をかき乱されないように。心が最高の境地にあるときにはそれを意識することなどないものだ。沈黙のうちに力をたくわえ、霊性の発電機となりなさい。乞食が何を人に与えることができよう。王のみが、自分のために何一つ欲することのない者のみが、与えることができるのである。

＊　＊　＊

金は神のもの、私たちは一時的な管理者にすぎない、という態度で金に接しなさい。金に執着してはならない。名も、名声も、金も、過ぎ去るにまかせなさい。それらは恐ろしい束縛である。自由というもののすばらしい雰囲気を味わうのだ。あなたは自由だ、自由だ、自由だ！「おお、なんと恵まれていることか！　私は自由そのものだ！　私は無限だ！　私は自己の魂のなかに始めも終わりも見いだすことができない。すべては私の『自己』なのだ」この言葉を絶えず言い続けなさい。

七月二一日（日曜日）

（パタンジャリのヨーガ格言集）

ヨーガは、チッタ（心）がヴリッティ（心の様々な動き）に分散していくのを制御する科学である。

心はさまざまな感覚による刺激や感情、言動と、それへの反応などでできている。よって心は変化するものである。心には精妙な体があり、それをとおして粗大な肉体に働きかけている。ヴェーダーンタは、精妙な心の背後に真の自己が存在すると言う。肉体と心という二つの存在を否定はしないがその背後に、真の自己、永遠者、究極の存在、分析の最後にたどり着くもの、どんなにつきつめてもそれ以上分解できない構成単位としての、第三の存在を置く。誕生とは物質を再構築すること、死とは物質が分解することであり、さらに深く追求すれば、そこにアートマンの存在が見えてくるのである。アートマンは構築も分解もできないものである。最終的に人はアートマンにいたる。

海の波の一つ一つの背景は、海全体である。大きくても小さくてもあらわれ出るものはすべて波である。どの波もその神髄は海である。波としてはおのおのに異なるがしかし海全体である。そして波が静まったとき、すべては一つになる。「見る対象のない見る人」と、パタンジャリは言う。心が波立って活動するとき、アートマンはそれに引きこまれる。

見慣れたパターンが繰り返されるとそれが記憶となる。

無執着でありなさい。真理は力である。真理を知れば、力はあなたのものとなる。真理を知れば、この物質世界を消し去ることもできる。頭の中に見えている対象物から一つずつその特質を取り払い、何も残らなくなるまで取りさっていければ、自分の意識から対象物そのものを消し去ることができる。

用意ができた者たちは非常に早く進歩し、六カ月でヨーギーになれる。そこまでいっていない者たちは数年かかるかもしれない。教えを誠実に実行し、すべてを捨て修行に専心する者たちは、誰でもみな一二年で目標に達する。バクティによって、このような精神的超絶技巧を経ずにおなじ境地に達することもできるが、時間がかかる［1］。

［1］ここでスワーミージーは神への強烈で不可分の愛のことをバクティと言っているのではない。以前すでに、彼は「極限の愛と最高の知識は一つである」と教えている。そしてそれを再度定義して「この神への無条件で絶えることのない記憶がバクティというものである」と言っている。ゆえにここでのバクティという言葉は、まだそれほどまごころのこもったものではない愛を意味している。

イーシュワラとは心で捉えることのできるアートマンである。アートマンの最高の御名は、オームである。その御名を繰り返しなさい。オームについて瞑想し、そのすばらしい本質や属性について考えなさい。オームを絶えず繰り返すことが唯一の礼拝である。それは言葉ではない。神ご自身なのだ。

宗教は新しい何かを与えるものではない。障害物を取り除いて真の自己を見せてくれるものにすぎない。病気は第一の障害だ。健康な身体は最良の道具である。憂鬱な気持ちは克服しがたい大きな障害だ。一度でもブラフマンを知れば、人は二度と憂鬱な気分に陥ることはないだろう。疑いや信じた道を真っすぐ行こうとする気概の欠如、間違った考えなどが、そのほかの障害である。

＊　＊　＊

プラーナは精妙なエネルギーであり、運動の源泉となる第一義的なものが五つ、第二義的なものが五つ、すべてで一〇のプラーナがある。そのうち一つの大きな流れが上へと流れ、別の流れが下へと流れている。プラーナーヤーマとは、これらプラーナを呼吸法によって制御することだ。息は燃料、プラーナはスチーム、身体はエンジンである。プラーナーヤーマにはプーラカ（吸う息）、クンバカ（保息)、レーチャカ(吐く息)の三つの部分がある。

＊　＊　＊

グルは、霊的な影響をあなたにもたらす媒体である。教えることは誰にでもできる。しかし霊性は、グルのみがシシャ(弟子)に伝えることができ、それが実を結ぶのである。シシャ同士の関係は兄弟の関係である。これはインドの法律で認められている。グルは、始祖たちから受けついできた「精神の力」マントラを伝える。グルなしに霊性の道を行くことはできない。それをすれば大きな危険に直面することとなる。グルを持たずにプラーナーヤーマ・ヨーガの修行をすると欲望が強くなる。しかしグルがあればそうしたことは起きにくい。それぞれのイシュタにマントラがある。イシュタはひとりひとりの弟子の性格にもっとも合った理想神であり、マントラはその理想神を外的に表象する言葉である。絶えずマントラを唱えることによって、心に理想神がしっかりと留《とど》まるようになるのだ。こうした礼拝のしかたは、インド全土の宗教的信仰者の間で広くおこなわれている。

七月二三日(火曜日)

(バガヴァッド・ギーター:カルマ・ヨーガ)

働きをとおして解脱にいたるためには、働きと自分を一つにしなさい。そのためには利己的な願望を持たず、結果を追求せずにするのだ。人はそのように働けば、知識へと導かれ、それが解脱へとつながっていく。知識にいたる前に働きを放棄すればみじめなことになる。真の自己のためになされる働きは、束縛にはならない。働きから楽しみを得ようとせず、働く苦しみを恐れぬことだ。働くのは心と身体である。真の「自己」ではない。つねにこのことを自分に言い聞かせ、それを悟りなさい。自分が働いているなどと感じないようになさい。

何をするにもそれを主への犠牲、あるいは捧げものとしておこないなさい。ハスの葉のように、この世に生きながらもこの世に埋没せずにいなさい。ハスの根は泥の中にあるが、その葉はつねに清らかである。世の人びとがあなたに何をしようとも、すべてのものにあなたの愛を行き渡らせなさい。

目の不自由な人は色を見ることができない。そのように、自分の内に悪がなければどうして悪が見えるだろうか。私たちは外に見えるものを内にあるものと見くらべ、それに準じて判断をくだしている。私たちが清らかなら私たちに不純なものなど見えないのだ。もし清らかでないものが存在しているとしても、私たちにとって、それは存在しない。すべての人、すべての女性、すべての子供のうちに、神を見なさい。内なる光「アンタルジョーティ」でもって神のみを見なさい。神を見ればほかに何も見えない。

この世界を欲するな。なぜならもしあなたが心から欲すれば、ことは成就するからである。主を、主のみを求めなさい。権力が大きければ大きいほど、束縛は増大し、恐れも強くなる。アリに比べて私たちはどれほど多くの恐れを抱き、どれほど惨めであることか。世間を離れ、主のもとに来なさい。世間的な成功の科学を求めず、主にいたる探求の道を求めなさい。

「私が行為者であり、行為そのものである」「欲望と怒りの潮流を断ち切ることのできる人、それが偉大なヨーギーである」

「実践と無執着によってのみ、私たちは心を征服できる」

私たちヒンドゥの師父たちは、座して神について考え、正しい生き方について考えた。私たちにもおなじ目的のために使う頭脳が備わっている。しかし物質的なものを得ようと躍起になって走り回っているせいで、私たちのせっかくの頭脳も機能不全に陥りがちだ。

＊　＊　＊

身体にはもともと自己治癒《ちゆ》力がある。この治癒力は、心の持ち方、医薬品、体操などで引き出され活性化される。身体の状態に煩わされているあいだは医者や薬が必要である。身体感覚の束縛を脱ぎ捨てる段階にまで進んでいればこれらを無視することもできるが、それ以前の段階ではそれは不可能なのである。

無意識の心というものがある。それは意識の下層にあって、人間の身体器官の一部分を形成している。哲学はそうした人間の心を理解しようと熟考する学問である。宗教は真実をはっきり見ることから生まれる。知識はこれにのみ依拠《いきょ》している。意識を超えたところに至ると心は真理を見るのである。アープタとは宗教を直観した人びとのことである。彼らの方法にそのまま従っていけば、あなたたちも彼らとおなじように真理を見ることができるのだ。やってみれば彼らの直感の正しさがわかるだろう。それぞれの科学の分野ではその分野に応じた研究方法があり、道具がある。台所の鍋や釜を総動員しても、天文学者はあなたに土星の輪を見せてあげることはできない。望遠鏡が必要である。それとおなじく宗教の深い真実を見るためには、すでにはっきりそれを見ている人びとの方法に従うことが必要なのだ。研究対象の科学が深くて大きいものであればあるほど、研究の手段もそれだけ多様になる。

この世に生まれ出る前に、神はこの世から抜け出す手段を私たちにお与えになった。私たちはその手段を見つければよいだけなのだ。だが手段をめぐって対立してはならない。悟りだけを追求し、自分にもっとも合うと思われる方法を選びなさい。「マンゴーを食べよ」、マンゴーを入れたかごについて議論を戦わせている人たちは、放っておけ。キリストを見よ、そうすればあなたはキリスト者となる。それ以外の道はただのおしゃべりにすぎない。おしゃべりは少ないほうがよい。

はじめにメッセージが存在するからメッセンジャーがうまれる。主が存在するから聖堂が建てられるのだ。聖堂が主をつくるのではない。

主の栄光が、あなたの顔をとおして輝き出るまで学びを続けなさい。

スヴェータケトゥの顔をとおして主の栄光が輝いたように。

推論と推論が対立するときに争いが生じる。だがもしあなたがはっきりと見たもののことを話すなら、それを聞いて、心を動かされぬ人はいない。パウロは悟りを得たとき、自分の意志に反して改心したのだった。

火曜日の午後

（夕食のあと、短い会話があり、その中で次のようなお話があった）

幻想は幻想を生む。幻想から生まれた幻想は、やがてみずから壊れていく。これがマーヤーの姿だ。「知識」と人が呼ぶものは、どれもマーヤーを土台にしているため、苦しみの上に苦しみを重ねるような悪循環が生じる。そのうちにやがて「知識」そのものが自分からこぼれていくのだ。マーヤーのロープを手放しなさい。幻想はアートマンに触れることはできない。私たちがロープにしっかりつかまっているとき、マーヤーと自己を同一視しているとき、マーヤーは私たちを思うままに動かす力を持つ。それを手放し、ただ目撃する者となりなさい。そうすればあなたは平静な心で宇宙の全像を讃えることができる。

七月二四日（水曜日）

ヨーガの実践によって得られる力は、完全なヨーギーには障害とはならない。だが初心者にとっては、実践によって目覚めた超能力や高揚感が障害となりがちである。シッディは力であり、修行における成功のしるしでもある。それらはマントラの繰り返しといったヨーガの実践、瞑想、断食、薬草や麻薬さえも利用するあらゆる手段によって生みだされる。獲得したすべての力への興味を克服したヨーギー、彼の行為から生じるすべての功徳を放棄したヨーギーは、「徳の雲」（サマーディの状態の一つの名）に入り、雲が雨を降り注ぐように神聖さを降り注ぐ。

集中とは一つの対象に心をとどめることであり、瞑想とはその対象にたいする途切れのない意識の流れをいう。アートマンがあるからこそ、心の存在が認められる。心自体が「自己」を知ることはできないのだ。アートマンは何ものかの原因であることができないのだから。どうしてそれがあり得るだろうか？　どうしてプルシャそれ自身がプラクリティ（自然）と結合するなどということがあり得るだろうか？　そうではない。そうだとただ錯覚して思っているだけなのだ。

＊　＊　＊

そこに不幸があるという思いや憐れみをもたずに、助けることを学びなさい。敵にも友にもおなじように接するようになりなさい。それができて、もはやどのような願望もなくなったとき、あなたは目標に到達する。

無執着という斧《おの》で、願望というバンニャンの木を切り倒せば、それは完全に消えるだろう。すべて幻想なのである。「その人から悲しみと迷妄が落ちてしまった人、執着という悪を克服した人、その彼だけがアザード（自由）なのである」

だれか特定の人を個人的に愛することは束縛である。すべての人をおなじように愛しなさい。そうすれば欲望はあなたから離れていく。

「すべてを食い尽くすもの」である「時」がくれば、何もかも消えさる。なぜこの地上を改良しようとし、手にとどまらぬチョウに色を加えようとするのか。最後にはすべて過ぎ去るのだ。踏み輪の中の白ネズミとなってはならない。彼らはつねに活動しているが何もなし遂げることがない。すべての欲は、良いものであれ悪いものであれ、どれもみな悪に染まっているものなのだ。それは、手の届かぬ所へ逃げていく一片の肉にとびかかる犬のようなものだ。その犬は最後には犬死にする。そのようであってはならない。欲望はすべて切り捨てなさい。

＊　＊　＊

マーヤーを支配しているものとしてのパラマートマン、それがイーシュワラである。マーヤーの下にあるものとしてのパラマートマンがジヴァートマンである。マーヤーとはあらわれの総計であって、いつか残らず消えてしまうのである。

木の性質はマーヤーである。本当は神の性質であるが、マーヤーのヴェールの下で私たちはそれを木と見ているのである。すべての「なぜという問い」はマーヤーの中にある。なぜマーヤーが生じたのかをたずねること自体が無意味な質問である。というのもマーヤーの中では答えはけっして得られないからである。マーヤーを超えた人の口からはそのような質問は出てこない。悪が「なぜ」を創造したのであり、「なぜ」が悪を創りだしたのではない。「なぜ」とたずねること自体が悪である。妄想が妄想を破壊する。推論自体が矛盾を基盤にしているので、それは堂々巡りであって、結果、それ自身を滅す。感覚の認識は推定であり、すべての推定は認識から生じている。

神の光を反映した無知は見ることが可能だ。しかしそれ自身は神ではない。雲は、太陽の光が降り注がなければ、見えることはない。

高い壁の近くにやって来た四人の旅人がいた。はじめの人は苦労しててっぺんによじ登り、振りかえることなく飛び込んでしまった。二番目の人は壁にはいあがり、見渡して、喜びに叫んで消えてしまった。三番目の人はてっぺんによじ登って、仲間が行ってしまったところを見て、喜びに笑いながら彼らに従っていった。四番目の人は、旅仲間に起こったことを告げるために戻ってきた。超越したところに何かがある、と私たちに示すしるしは、マーヤーの壁を飛び越えていった偉大な人びとから響き渡る笑い声なのである。

＊　＊　＊

「絶対」なるものから私自身をかけ離して、「それ」にある性質を与えるとイーシュワラとなる。それは私たちの心をとおして見ることができる宇宙の真理である。人の悪とは、迷信的な心をとおして見た、世界の苦悩なのである。

七月二五日（木曜日）

（パタンジャリのヨーガ格言集）

「物事はなされるものであり、なされる原因であり、また認められるものである」そしてそれらが私たちに与える影響は、ほとんどおなじようなものである。

完全な制御は、大きな知的霊的な力をもたらす。ブラフマチャーリンは考えにおいても言葉においても行いにおいても、性的に清らかでなくてはならない。肉体へのかかわりをなくし、可能な限り肉体意識を放棄しなさい。

アーサナ（姿勢）は、不動で快いものでなくてはならない。心を無限なるものと一体化させる絶え間ない実践によって、それは可能となる。

一つの対象に絶えることなく注意をはらうこと、それが黙想である。

石が静かな水に投げ込まれると、一つ一つにはっきり分かれた多くの波紋ができる。だが実際にはそれらすべてがたがいに影響しあっている。私たちの心もおなじである。ただ、私たちはその行為に無意識で、ヨーギーは意識しているのである。私たちは巣にいるクモであり、ヨーガの実践とは、私たちの動きたいようにクモさながら糸をつたって動くことである。ヨーギーでない人たちは今いる場所に縛られている。

＊　＊　＊

他を傷つける行為は、束縛を生みだし、真実を隠す。悪を否定するような徳だけでは十分でない。私たちはマーヤーを克服しなくてはならない。そうすればマーヤーが私たちに従うようになる。何が起ころうとそれが私たちを束縛しなくなったときにはじめて、何事も自分たちのためとなる。本当に真実に束縛がなくなると、すべてのものが私たちの元へとやってくる。何ものも欲していない人、その人たちだけが、自然界の主なのである。

すでにその束縛を打ち壊した人に避難を求めなさい。やがてその人が慈悲によってあなたを自由にするだろう。それよりもさらに高いことは、主（イーシュワラ）に避難を求めることである。しかしそれはもっとも難しく、真にそれをなしえた人は、一世紀にたったひとり、見いだせるにすぎない。

何も感じず、何も知らず、何もせず、何ものも持たず、すべてを神に明け渡して、そして心の底から言うのだ、「あなたのご意志のままに」と。私たちは、この束縛という夢を見ているだけである。目覚めて、束縛を手放しなさい。神のうちに避難を求めなさい。私たちはマーヤーの砂漠を横切ることができる。「あなたがつかんでいるものを手放すのだ。恐れなきサンニャーシンよ、オーム・タット・サット、オームと言うのだ！」

慈善的行いを許されていることは恩寵《おんちょう》である。そのような行いによってのみ、私たちは成長できるからである。気の毒な人びとの苦しみは、私たちの成長を助けるためにある。与える側は膝まずいてお礼の言葉を述べ、受ける側は立ち上がって「助けを受けてあげよう」と宣《の》べようではないか。すべてのものの背後に主を見、主に与えるのだ。私たちの目に悪が見えなくなったとき、そのときこの世界は終わる。悪のないところに悪を見る、根本的な過ちから自由になることが、今生の唯一の目標だからだ。不完全さがあるという思い込みが不完全さを生み出す。力と完全さを思うことのみが、これを治してくれる。できる限りの善をなしてもそこに悪はあるだろう。しかし個人的な結果を気にせずすべてをなし、結果をすべて主に明け渡していくと、善も悪も、あなたに影響することはなくなるのだ。

慈善活動は宗教ではないが、正しくなされた仕事は人を自由へと導く。本当のところ、人に憐れみをかけることとは、すべて無知からきている。同情すべき相手とは誰なのか。神を憐《あわ》れむことができるというのか。神のほかに何が存在しているというのか。あなたの進歩を助けるために、この世界を徳の訓練場としてあなたにお与えになった神に感謝しなさい。あなたがこの世界を助けることができるなど、けっして想像してはならない。あなたをののしる人に感謝しなさい。その人はののしるということがどんなものかを示す鏡となってくれ、また自己抑制を実践する機会をも与えてくれるのだから。その人に祝福を与え、喜ぶべきである。修業なしに力が生じることはありえない。私たちは鏡なしに自分自身を見ることはできないのである。

みだらな想像は、みだらな行為とおなじくらい悪いものである。願望の抑制は最高の結果へと導く。性的なエネルギーを霊的なエネルギーへ変換せよ。去勢ではない。なぜならそれは力を投げ捨てることだからだ。この力がもっと強ければ、それに比例してもっと偉大なことができる。力強い水の流れだけが水圧による資源を可能にするのだ。

今日私たちが必要としているのは、神がおられることを知ることであり、今、ここで、神を見、神を感じることができると知ることである。シカゴの学者は言う、「この世の面倒を見なさい、あの世の面倒は神が見られることだろう」と。何てばかげているのだ！　もし私たちがこの世の面倒を見ることができるのなら、あの世の面倒を見る寛大な神の必要があろうか？

七月二六日（金曜日）

（ブリハッダーランニャカ・ウパニシャッド）

「自己」をとおしてのみ、「自己」のためにのみ、すべてのものを愛しなさい。ヤジュゥナヴァルキヤは妻のマイトレイーに、「アートマンをとおして、私たちはすべてのことを知る」と言った。アートマンはけっして知識の対象とはなりえず、また知られることのできる「知る者」でもない。自分がアートマンであることを知る者、その人は意のままに生きる。彼は自分が宇宙であり、その創造者であるということを知っている。

＊　＊　＊

寓意《ぐうい》の形で古い神話を繰り返し教え、それらを過度に重要視すれば、それは迷信を助長することとなる。それは弱点である。真実に妥協があってはならない。真実を教えよ。どのような迷信のためにも弁解をするな。聞き手のレベルにまで真実を引きずり下ろしてもいけない。

七月二七日（土曜日）

（カタ・ウパニシャド）

真実を悟った人以外から「自己」の真実を学んではならない。それ以外の人たちは皆、口先だけでわかったようなことを言っているだけだ。悟りとは、徳と悪徳を超え、未来と過去も越え、ありとあらゆる相対するものを超えることなのだ。「汚れなき者は『自己』を見、永遠の静けさがその『魂』におとずれる」。話すことも、議論することも、本を読むことも、知性の最高の飛翔も、ヴェーダそれ自身も、どれ一つとして自己の知識を与えることはできない。

私たちのうちには二つのもの、神の魂と人間の魂がある。後者はただの影であり、前者がたった一つの真の太陽であると聖者たちは知っている。

心を感覚につながなければ、目や鼻、耳などから情報を受けとることはできない。心の力がこうした外側の器官を使う。感覚を外に向かわせるな。そうすればあなたは肉体とその外の世界を捨てさることができる。

外の世界として私たちが見ているこの「X（エックス）」を、死者は各自の心の状態によって天国とも地獄とも見る。今生も来世も二つの夢であり、来世は今生の上に形づくられる。この両方を放棄しなさい。すべては遍在し、すべては今なのだ。自然、肉体、心は死へと向かっている。私たちは死に向かうものではない。私たちはけっして行くことも来ることもない。人であるスワーミー・ヴィヴェーカーナンダは自然のなかにあって、生まれて死ぬ。しかし私たちがスワーミー・ヴィヴェーカーナンダとして見ているその「自己」は、けっして生まれることもなければ、死ぬこともない。それは永遠で、変わることのない真実である。

心の力は、私たちがそれを五つの感覚に分けようが、ただ一つだけを見ようが、それはおなじことである。盲目の人は、「すべてのものには明らかに異なる反響音があり、手を打ってその音を聞いてみるだけで、自分のまわりにあるあらゆるものを言い当てることができる」と言う。だから、霧の中でも盲目の人は無事に目の見える人を導くことができるのだ。霧も暗闇も、彼にとってはまったく違いがない。

心を抑制して感覚をたち切りなさい。そうすればあなたはヨーギーとなる。その後、ほかのすべてのことはやってくるだろう。聞くこと、見ること、匂うこと、味わうことを避けなさい。外の器官から心の力を取り上げるのだ。何かに夢中なときにはいつも無意識にそうしている。おなじことを意識的におこなえばよい。心は必要な感覚器官の上にとどめておくことができる。肉体をとおしてでなければ自分は何もおこなえない、といった根本的な迷妄を捨てるのだ。私たちはそんなものではない。自分自身の部屋に入り、自分自身の中からウパニシャドを引きだすのだ。あなたは過去に書かれた書物、あるいは未来に書かれるだろう書物の中の、もっとも偉大な書物であり、無限の貯蔵庫なのだ。内なる師が目覚めるまでは、外からどれほど教えを聞こうとも心に届かない。教えが心の本を開いてくれるのでなければ、それは何の役にも立たないのだ。

意志は「静かで小さな声」であり、実生活上の支配者である。それは「これをせよ」、「これはするな」と告げる。それは私たちを縛ってきた。無知な意志は束縛へと私たちを導き、知識を獲得した意志は、自由へと導く。この意志は何千という方法で強化することができ、どれをとってもヨーガの一種と言えるのだが、体系化されたヨーガなら望ましい結果がすぐに得られる。バクティ、カルマ、ラージャ、ギャーナ・ヨーガは、より効果的に全行程をカバーしてくれる。哲学、働き、祈り、瞑想――すべての力を奮い立たせよ。すべての帆を揚げ、全速力で目標に達せよ。すぐ始めるのに越したことはない。

＊　＊　＊

洗礼とは、内面を清めることの象徴としての、外面の清めである。それは仏教に起源がある。

聖体拝領とは、未開民族のたいへん古い習慣が残存したものである。彼らは自分たちの指導者の偉大な性質をみずからのものにしようと、時にはその偉大な長《おさ》を殺し、その肉を食べた。こうすることで彼らは、勇敢で知性ある首長の性質が自分たちのものとなり、個人だけでなく種族全員が勇敢で知性ある者になると信じた。人間犠牲はまたユダヤ人の考えでもあり、エホバから多々懲罰されてきたにもかかわらず、ユダヤ人はそれに固執している。イエスは優しく愛情深かったが、ユダヤ人の信仰に合わせるため、人間犠牲の考えを、罪の形であるいは人間の身代わり犠牲という形で取り入れなくてはならなかった。この残酷な考えが、キリスト教を、イエスご自身の教えからかけ離れた迫害や流血の精神へと発展させていったのである。

＊　＊　＊

「これが私の生来の仕事だ」と言いなさい。けっして「課せられた義務だ」と言ってはならない。「真実のみが勝利する、真実でないものは勝利しない」。真実に立脚すれば、あなたは神を得る。

＊　＊　＊

インドでは、初期のころから、ブラーミンたちはすべての法律を超える、という立場を保持してきた。自分たちは神々だ、と彼らは主張する。彼らは貧しい。約六〇〇〇万の、善良で道徳的で何の財産ももたない人びとがいる。しかしながら、彼らの弱点は権力を欲するところにある。彼らはそのようなあり方を変えない。なぜなら生まれた時から自分たちには法律が及ばないこと、刑罰が及ばないことを聞かされて育ってきたからである。彼らは自分たちを、「二度生まれたもの」、神の子供たちだ、と感じている。

七月二八日（日曜日）

（ダッタートレヤによる、「アヴァドゥータ・ギーター」または『清らかなる者の歌』［1］）

［1］ダッタートレヤは聖人《せいじん》であり、アトリとアナーヤスの息子である。また、ブラフマー、ヴィシュヌ、シヴァの生まれ変わりである。

「すべての知識は、心の静寂さによる」

「宇宙を満たしている『彼』、自分の内なる『自己』である『彼』に、どうしたらご挨拶できるだろうか？」

アートマンを自分の本質と知ることが知識であり、また悟りでもあるのだ。「私は『彼』である。そこにはひとかけらの疑いもない」

「思い、言葉、行いが私を束縛することはない。私は感覚を超えており、私は知識であり、私は至福である」

そこには存在も、非存在もなく、すべてがアートマンなのだ。相対性のあるすべての考えを振り落としなさい。すべての妄信を払い落とすのだ。階級も、誕生も、神々も、ほかのすべてのものもなくしてしまいなさい。どうして今の状態や、これからなることについて話すのか？　二元性や非二元性について話すのをやめるのだ！　あなたが二才だったら二才か一才かについてうんぬんするだろうか？　宇宙は「聖なる一つ」であって、「彼ひとり」だけなのである。あなたを清めるためにヨーガについて話すのではない。あなたの本性そのものは清らかなのだ。誰もあなたに教えることはできない。

このギーターを書いた人（ダッタートレヤ）のような人びとは、宗教に息吹を与え続けている。彼らは実際に自己を悟った。彼らは肉体になされることは何も感じず、何も気にせず、暑さ寒さ、あるいは危険もなにもかえりみない。彼らはじっと座ってアートマンの至福を楽しみ、赤く焼けた石炭がその身を焼いたとしてもそれを感じることはない。

「知る者、知識、知られるものという、三つの束縛がなくなったとき、そこにアートマンがある」

「束縛や自由という妄想がなくなるところ、そこにアートマンがある」

「もしあなたが心を制御したらいったい何だと、もし制御しなかったらいったい何だというのだ？ もしあなたがお金を持っていたら、または持っていなかったら何だというのだ？ あなたは永遠に純粋なアートマンなのだ。『私はアートマンである。どのような束縛もけっして私に近づくことはない。私は不変なる空《くう》である。信仰という雲が私の上をすぎていこうとも、それらが私に触れることはない』と言うのだ」

「徳を燃やし、悪を燃やすのだ。自由なんて赤ん坊の戯言《たわごと》だ。私はあの不死なる知識である。私はあの純粋なるものである」

「誰もかつて束縛されたことはなく、誰もかつて自由であったことはない。そこには私以外なにもない。私は無限であり、永遠に自由である。私に教えようとしてはならない。何が私を変えられようか、知識の真髄か？ 誰が教えることができようか？ 誰が教えられようか？」

どぶの中に議論を投げ捨て、哲学を投げ捨ててしまえ。「ただ、奴隷だけが奴隷を見る、妄想に陥った者だけが妄想を見る、不浄な者だけが不浄を見るにすぎないのである」

空間も、時間も、原因も、すべてが妄想である。あなたは縛られており、これから自由になるのだと思うこと、それ自体が病なのである。あなたは不変なものである。議論に時間を費やすのではない。座ってすべての物事を消えさせよう。それらはただの夢にすぎない。そこには違いもなければ差もなく、すべてが迷信なのだ。それゆえ沈黙し、あなたが何であるのかを知りなさい。

「私は至福の本質である」理想に従うのではない、あなたがそこにあるすべてである。何も恐れてはならない。あなたが存在の本質である。平安でありなさい。自分をかき乱してはならない。あなたはけっして束縛のうちにあったことも、有徳であったことも、罪深かったこともない。このすべての惑わしを乗り越え、平安であるのだ。誰を礼拝するというのか？　誰が礼拝するというのか？　すべてがアートマンなのだ。話すこと、考えることは迷妄である。「私はアートマンである」「私はアートマンである」そう何度も何度も繰り返しなさい。それ以外はすべて手放してしまいなさい。

七月二九日（月曜日）

時に私たちは、その環境を述べることで物事を指し示そうとする。「サチダーナンダ」（実在・知識・至福）と私たちが言うとき、単にそれは表現できない彼方《かなた》の向こう岸を指し示しているにすぎない。私たちはそれについて、「ある」と言うことさえできない。そう言うと、あまりに相対的になり過ぎるのだ。どのような想像も、どのような概念さえもむなしい。ネーティ、ネーティ（これではない、これではない）——と言うことが言い表せるすべてである。　考えることにさえ限界があるので、考えることで、そのものがそのものでなくなってしまう。

感覚は、夜昼となくあなたをだます。ヴェーダーンタは、何世代もまえにそのことを見いだした。現代科学はおなじ事実を、ちょうど今見いだしたところである。絵画とは、ただ長さと幅を持っているだけのことであって、画家は平らな画面に人工的に深みを表現することで、あざむくことによって自然を模倣しているのだ。ふたりの人がおなじ世界を見るということはない。最高の知識は、あなたにどのようなものにも動きや変化というものはない、ということを示すだろう。考えそのものがすべてマーヤーなのである。

全体としての自然を学習すること、それは動きを学ぶことである。心も身体も、私たちの真の自己ではない。両方が自然に属しているが、最終的には私たちはそれ自身を知ることができる。心と肉体を超越するとは、心に抱いているすべてのものがなくなってしまうことである。あなたが世界を知ったり見たりするのを完全にやめてしまったとき、あなたはアートマンを悟る。相対的な知識にとってかわることが、私たちの欲していることなのである。そこには無限な心もなければ無限な知識もない、なぜなら、心も知識もともに限界があるものだからである。今私たちはヴェールをとおして見ている。だがそのようにして私たちは、私たちが知るすべての「真実」である「X」に到達するのだ。

厚紙の針穴から絵を見ると、それはまったく間違った見解となるだろう。にもかかわらず私たちが見るものは真に絵である。その穴を大きくしていけば、もっともっとはっきりとした考えが得られる。

私たちは名と形という間違った認識にともなって、真理から違った見解をつくり上げている。厚紙を捨てればおなじ絵をあるがままに見る。私たちはすべての属性の中に、すべての間違いを置き重ねているのであって、絵自身はそれによって変わるということはないのだ。なぜならアートマンはすべてにおける真実だからである。私たちが見るすべてのものはアートマンであるが、それは私たちが見ている名と形ではない。名と形はすべて、私たちのヴェール、マーヤーの中にある。

それらは望遠鏡の対物レンズに付着した汚れのようであり、さらに私たちにその汚れをしめす太陽の光でもある。私たちは、この錯覚の背後にブラフマンという真理が保持されている、ということさえ見抜くことができない。ヴィヴェーカーナンダという人間は、ちょうど対物レンズにあるほこりである。しかし、私は真実の、変わることなきアートマンであり、そして真実だけが私にスワーミー・ヴィヴェーカーナンダを見せることができるのだ。アートマンはあらゆる幻覚の真髄である。太陽はけっしてレンズの汚れではなく、アートマンも名や形ではない。善、あるいは悪という私たちの行為は、その「汚れ」を増やしたり減らしたりしているだけである。それらは私たちの真の自己にけっして影響はしない。汚れた心を完全に清めれば、ただちに「私と私の父は一つである」と見るのである。

私たちはまず認識し、次に推論する。その認識を事実として受けとると、それが宗教と呼ばれるものとなる。信条や預言者や書物などについて聞いたことがなくても、それにより彼に悟りを得さすことはできるし、それ以外になにも必要はないのだ。心を清めること、これが宗教のすべてである。私たちが自分でその汚れを洗い落とすまでは、あるがままに真実を見ることはできない。

赤ん坊は間違いを見ない。というのもまだ自分自身の中に物差しを持っていないからである。あなた自身のうちにある欠点を乗り越えよ。そうすればどんな欠点も見ることはないだろう。誰かが盗みをはたらいているのを見ても赤ん坊には何の意味はない。ジグソーパズルに隠されたものを一度見つけたなら、あなたにはその後、ずっとそれが見える。あなたが自由で汚れなき者となったときには世界中いたるところに、自由と清らかさだけを見るのである。その瞬間心のすべての結び目はたち切られ、すべての曲がったところは正され、世界は夢のように消えるのである。そして目覚めたとき、なぜ自分たちはこのゴミのような夢のもとにやって来たのか、と不思議に思うのである。

「私たちは彼を悟らなければならない。山のような悲しみは、魂を動かすだけの力は持たない」

知識の斧《おの》で、心と肉体という車輪とアートマンを砕くことで、人は自由を得る。車輪は急には止まらないが、ただまっすぐ行くことができ、ただ善行をなすことができる。もしその肉体がなにか悪いことをするなら、その人はジヴァンムクタ（生前解脱者）ではないと知りなさい。もし彼がそれを言い張るなら、彼はうそをついている。斧を振り向けることができるのは、ただその車輪が――心を清めて――よいまっすぐな動きをしたときだけなのだ。すべての清らかな行為は、迷妄にたいして、意識的、無意識的に打撃を与える。知らずにした善行もおなじ結果をもたらし、束縛の破壊を助ける。ほかの人を罪びとと呼ぶことは、あなたにできる最悪のことである。

対物レンズにある汚れと太陽を同一視すること、それが根本的な間違いなのだ。何ものによってもけっして影響されることのない「私」という太陽を知り、汚れを洗い清めることに、あなた自身を傾注するのだ。人はかつてあったもっとも偉大な存在だ。最高の礼拝とは、クリシュナ、ブッダ、キリストのように、人を礼拝することである。あなたが欲するものを、あなたは創造する。願望を取りのぞきなさい。

＊　　＊　　＊

天使も、死人も、皆この世界を天国と見て、ここにいる。それぞれの心の状態によってそれぞれがおなじ「X」を見るのである。「X」についての最高のヴィジョンを見ることができるのは、この地上である。天国に行くことをけっして欲してはならない。それは最悪の惑わしだ。ここでのあまりの裕福さも、あえぐほどの貧困も、両方が束縛であり、私たちを宗教から遠ざける。

私たちが持っている三つの偉大な賜物《たまもの》は、第一に人間の肉体である。（人間の心は、神にもっとも近い投影であり、私たちは『彼』ご自身の姿」なのである）第二は解脱したいという願望である。第三は、この惑わしの海を渡りきった、師という高貴な魂の助けである。あなたがこの三つを持つとき、主の祝福が下りたまうのである。あなたは必ず自由になる。

単に知的に捉えたものは、新しい議論により打ち壊されるかもしれない。しかし、あなたが悟っているものは永遠にあなたのものである。ただただ宗教について話しても、何にもならない。神をあらゆるものの背後に、人の、動物の、食べ物の、仕事の背後におられると思いなさい。これを習慣とするのだ。

インガソルがかつて私に言ったことがある。「オレンジをしぼり出すように、この生をギリギリまで楽しむのが最良だと私は信じる。この生のほかにたしかなものはなにもないのだから」と。私は答えた。「この生のオレンジのしぼり方は、私のほうがもっといい方法を知っているよ。私の方法ならもっと多くのものが得られる。私は死ぬことが不可能であると知っているから急ぐことはない。恐れがないことを知っているからしぼることを楽しむ。私に義務はなく、妻、子供たち、財産などの束縛もない。私は男性と女性、すべてを愛することができる。私にとってはあらゆる人が神だ。神として人を愛する喜びを思ってごらん！　このようにあなたのオレンジをしぼり出し、そこからもっと、一万倍を得るのだ。一滴一滴を逃すことなく」

意志であるように見えているものは、本当はアートマンである。それは自由である。

月曜日、午後

キリストは、自分の理想を十分に実践していなかったという点において、不完全であったと言える。というのも、とりわけ男性とおなじ立場を女性にはおかなかったからだ。女性たちは彼のためにあらゆることをしたが、彼はユダヤ教の習慣に縛られていたため、ただのひとりも女性を使徒とすることはしなかった。それでも彼はブッダに次ぐもっとも偉大な性格ではあったが、ブッダもまた十分に完全であるとは言えないのである。しかしながらブッダは、宗教において女性の権利を男性と同等の地位にまで認めたのであり、そしてもっとも偉大な彼の信者の最初のひとりは妻だったのである。のちに、インドにおける女性の間で仏教運動全体の長となったのはその人であった。だが私たちはこうした偉大な人びとを非難せず、ただ私たちよりももっと進歩していると見なすべきである。どのようにすばらしくても、どのような人にたいしても、私たちは、自分の信仰を押しつけてはならない。私たちもまた、ブッダやキリストにならなくてはならないのだ。

人は誰もその人の欠点によって判断されるべきではない。人の持つ偉大な徳とは、人の間違いを人類共通の弱点と見なすことであり、これは特筆するべきことである。人の性質を評価して間違いを数え上げるべきではない。

ヴィラ Vira「英雄的」というサンスクリットの言葉は、英語におけるヴァーチュー Virtue「徳」という言葉の語源である。というのも古代において、最高の戦士はもっとも有徳な人とみなされていたからである。

七月三〇日（火曜日）

キリストとブッダは、私たち自身の内にある力を客観化する単なるきっかけである。私たちはじつに自分たち自身の祈りに答えているのだ。

キリストが生まれなかったら人類が救われることはなかっただろう、と思うこと自体、冒涜《ぼうとく》なのである。人間の本質である神性をこのように忘れてしまうとは、なんとおぞましいことか。神性は実際、湧き出てこなくてはならないものである。人間の本質であるその栄光をけっして忘れるな。私たちは永遠にそうで、これからもそうであるもっとも偉大な神なのだ。キリストとブッダは、私という束縛なき海のただの波にすぎない。あなた自身の内にある、より高い「自己」以外の何にたいしても頭を下げるな。自分は神々の神そのものであると知るまで、そこにけっして自由はない。

私たちがかつてしてきたことは、実にすべてが善なのである。というのもそれらは私たちが最終的になるものへと導くものだからである。誰にたいして乞うというのか？　私が真の存在なのであり、そして夢であるほかのすべてのものは、まるでそれが私であるかのように保持されているだけである。私が海全体なのだ。あなたがつくった小さな波を、けっして「私」と呼んではならない。それは波以外の何ものでもないと知りなさい。サッティヤカーマ（真理の愛人）は、「あなたは無限であり、普遍はあなたの内にある。自分自身を制御し、あなたの真の自己の声に耳を傾けよ」と告げる内なる声を聞いた。

偉大な預言者として戦いをしている者たちは、静かで神聖な生活を送って偉大な考えを抱きつつ世界を助けている人びとよりも、完全さに欠けているに違いない。これらの人びとは、最後の成果として、次々と説教する力のある人をつくりだし続けている。

＊　＊　＊

知識は存在する。人はそれを発見するだけである。ヴェーダとは、それによって神が世界を創造した、永遠の知識である。それは高い哲学——最高のもの——について語り、驚嘆すべき主張をしている。

＊　＊　＊

それが傷つけようが傷つけまいが、大胆に真理を語りなさい。けっして弱さに迎合してはならない。もしも知的な人にとって、真理があまりにも予想外で圧倒されてしまうのなら、逃げ去るに任せなさい。できるだけ早く。子供じみた考えは赤ん坊と野蛮人のためにある。そしてその人たちの全部がぜんぶ、託児所や森の中にいるわけではない。中には教会の説教師になっている人たちもいる。

あなたが霊的に成長した後、なおも教会にとどまる、というのはよくない。出てきて自由という開け放たれた空気の中で死になさい。

すべての進歩は相対的世界のうちにある。人間という形が最高のものであり、人がもっとも偉大な存在なのだ。なぜなら今、ここで、私たちは相対の世界を完全に乗り越え、実際に自由に達することができるからである。これが真の目標だ。単に私たちにできるというだけではなく、ある人は完成に達したのだ。だからどれだけ立派な肉体であるかが問題なのは相対的な段階にいるときだけのことであり、私たちがそれ以上に何かをすることができるわけではない。自由に達する、そのことが、なされることのできるすべてだからだ。

天使たちはけっして悪い行為をしない。だから彼らは処罰されることもなければ、救われることもない。打撃とは私たちを目覚めさせることであり、夢を打ち壊すことを助ける。それらは私たちにこの世が十分ではないことを示し、自由を得るために逃れたいという切望を私たちに起こさせる。

ぼんやりと認められるものを私たちはある名で呼んで、おなじものを完全に認めたときにはまた違う名で呼ぶ。より高い道徳の性質、より高い認識、より強い意志である。

火曜日、午後

考えと物質が調和している、という道理とは、それらが一つのものの二つの側面だということである。内面的そして外面的にそれ自身を分けて、それを「X」とか名付けて呼んでいるのである。

英語の言葉「パラダイス」はサンスクリットの「パラ・デサ」が由来で、それはペルシャ語へ引きつがれた。字義的には「超えた世界」あるいは、もう一つの世界を意味する。古代のアーリア人はつねに霊を信じ、けっして人が肉体であるとは信じなかった。彼らの天国や地獄はすべて一時的なものだった。というのもどのような結果もその原因を長く保つことはできず、どのような原因も永遠ではないから。それゆえすべての結果は一つの終局に至るに違いない、とする。

ヴェーダーンタ哲学のすべてはこの物語のなかにある。金の羽を持つ二羽の鳥がおなじ木にとまっていた。上の方の鳥は、静寂に、威厳をもって、自分自身の栄光に没入していた。下の方の鳥は落ちつきなく、木になる果物を甘いかと思うと、次は苦いと思いつつ食べていた。その鳥は一度並はずれて苦い果物を食べてしまい、立ちどまって、上にいる荘厳な鳥を見上げた。しかしすぐにその鳥は上の鳥のことを忘れてしまい、以前のように木になる果物を食べ続けていた。ふたたび苦い果物を食べたその鳥は、このたびはてっぺんにいる鳥に近づこうと、数枝をピョン、ピョンと跳び上がっていった。そして下にいる鳥が上にいる鳥のところまでやってきて、ついに自分自身を失ってしまうまで、このことは何度も何度も繰り返されたのである。その鳥は突然、そこにいたのは二羽の鳥ではなかったということを、自分自身はつねに上方の鳥、静寂で荘厳で自分自身の栄光に没入しているその鳥であったということを、見いだしたのである。

七月三一日（水曜日）

ルター（一六世紀の宗教改革者）が私たちから放棄を取りあげ、そのかわりに道徳を与えたとき、彼は宗教にクギをさしたのであった。無神論者と物質主義者が道徳をもつことができ、ただ主を信じる人だけが宗教を持つことができる。

邪悪な人は、偉大な魂がもつ神聖さへの代償を払っている。邪悪な人を見るときにはそのように思いなさい。ちょうど貧しい人の労働が、富裕な人の贅沢《ぜいたく》さのための代償を払っているかのように、霊性の世界にもそれはあることなのだ。インドにおける大半の人びとの恐ろしいほどの退廃は、ミーラー・バーイやブッダのような偉大な魂を傑出するために支払わなくてはならなかった自然の代償なのである［1］。

［1］世の中の多くの人は、理想が高いと理解できず、ついていこうとしても失敗して悪い道に進む。しかし、人びとの関与がなければ理想は残っていかない。それは砦《とりで》に攻撃をかける一〇〇人の兵士のようである。八〇人が戦死し、二〇人が成功する。八〇人が二〇人のために戦死するという事実は否定できない。

『私』は、神聖なもののうちにある神聖さである」（ギーター）「私」は根であり、それぞれの人がおのおのの道でそれを使うが、しかしすべてが「私」なのである。『私』がすべてのことをしているのであって、あなたは単なるきっかけにしかすぎない」

多くを語らずにあなたの内にある霊性を感じるのだ。そのときあなたはギャーニである。これが知識であり、ほかのすべては無知である。知られるすべてのもの、それがブラフマンなのである。それがすべてである。

幸せと知識を捜し求めることで生じる束縛がサットワであり、ラジャスは願望をとおして縛り、タマスは間違った見解と怠惰により縛る。サットワによって、二つのより低次なものを克服し、それから主にすべてをゆだね、自由でありなさい。

バクティ・ヨーギーは、ただちにブラフマンを悟り、三つの性質を超えていく。

意思、意識、感覚、願望、激情、これらすべてを結合したもの、それが私たちが魂と呼ぶものをつくる。はじめに外見上の自己（肉体）があり、二番目に肉体を自分自身と見まちがえている精神的自己（マーヤー）によって束縛された絶対なるもの）があり、三番目に永遠に純粋で永遠に自由なアートマンがある。部分的に見られるもの、「それ」を自然という。総体的に見るとするなら自然はすべて去っていき、その記憶さえもなくなってしまう。すなわち変化するもの（死すべきもの）、永遠に変化するもの（自然）、そして変化しないもの（アートマン）があるのだ。

完全に望みを持たないこと、それが最高の状態である。なんの望みがあるというのか？　望みという束縛を残すところなく燃やすのだ。あなたの「自己」に立脚し、不安なく、あなたがしていることをけっして気にせず、すべてを神にゆだね、それでも偽善的であってはならない。

「スワスタ」、「あなた自身の『自己』に立脚する」という意味のサンスクリットのこの言葉は、インドでは、「お元気ですか、お幸せですか?」とたずねるときの口語で使われている。またヒンドゥ教の人が、「私はこれこれを見た」という意味を言葉にしたいとき、彼らは「言葉の意味を見た(パダールタ)」と言う。この宇宙さえも、「言葉の意味」なのである。

＊　＊　＊

完全な人の身体は機械的に正しいことをする。それは十分に清められているので、ただよいことだけをするようになっている。肉体という車輪を動かす過去の瞬間瞬間すべてが善となる。すべての悪の傾向は燃え尽きてしまっている。

＊　＊　＊

「主について何も話さなかった日が最悪の日であり、嵐の日が最悪の日ではない」

至高の主への愛だけが真実のバクティである。ほかのどのようなものへの愛も、それがどんなに偉大だったとしても、それはバクティではない。ここでの「至高の主」とはイーシュワラを意味しており、西洋で人格神と言われるものを超えた概念である。「彼」とは、その人から宇宙が生じ、その人に憩い、その人に戻っていくその「彼」であり、「彼」とはイーシュワラ、永遠なるもの、清らかさ、すべてに慈悲深く、全能で、永遠に自由なもの、全知、すべての師の師、その人自身の本質が言い表すことのできない「愛」なのだ。

人は自分の脳みそから神をでっち上げているわけではない。ただ自分の能力という光の中で神を見ることができるだけであって、実は自分が知るすべての最高のものを「彼」に帰しているのである。一つ一つの属性が、実は神の全体なのであり、たった一つの性質によってその全体が象徴されるということ自体、人格神についての形而上における説明であるのだ。イーシュワラとは、形なく、なおすべての形をもち、性質がなく、なおすべての性質をもつものである。人間としての私たちは、存在の三位一体性——つまり神、人、自然を見なくてはならず、そうしなければ私たちは進歩することができない。

しかしバクタにとって、これらすべての哲学的相違は、単なる無駄話である。彼に議論する気はなく、理を説かず、「感じ」、知覚するのである。彼は神の純粋な愛の中で自分自身をなくしたいのであって、「私は砂糖にはなりたくない。砂糖を味わいたいのだ。私は愛したいのであって、愛する人と楽しみたいのだ」と言う。彼にとってはこのことのほうが解脱よりももっと欲していることであり、その態度を保持してきたバクタたちはいるのである。

バクティ・ヨーガでもっとも必要なことは、純粋に、強烈に、神を欲することである。だが私たちは神以外のすべてのものを欲している。私たちの普通の願望は外の世界によって満たされるからである。私たちの必要性が、物質的宇宙の限界の中にのみ制限されている限りは、神にたいするどのような要求も感じることはない。私たちは日々の生活のなかで激しい打撃を受け、この世にあるすべてのものに絶望する。そのとき初めて、より高い何ものかの必要性を感じるのである。そのとき初めて私たちは神を求めるのである。

バクティは破壊的ではない。それは私たちすべての能力が救済に達する手段になると教えている。私たちはすべてを神に向けなくてはならず、日常のはかない感覚対象に浪費しているその愛を、「彼」に注がなくてはならない。

西洋における宗教についての考えとは異なり、バクティに恐れの要素は認められず、鎮《しず》められるものもなければ、宥《なだ》められるものもない。畏敬の念や敬う感情さえ起こらないようにと、神を自分の子供として礼拝するバクタたちさえいる。真実の愛に恐れはありえず、ほんの少しでもそこに恐れがある限り、バクティがはじまることはない。バクティには神との取り引きがなく、乞うこともない。何かのために神に願い事をするという考え自体がバクタにとっては冒涜なのである。健康についても、富についても、天国へ行くことさえも彼が祈ることはない。

神を愛したい、バクタでありたい、と欲する人は、これらすべての願望を束ねて戸の外に置き、それからバクタとならなくてはならない。光の王国に入りたいと欲している彼は、「商売」宗教のすべてを束ね、門をくぐる前にそれを放り出さなくてはならないのだ。それは、あなたが祈るものを得られない、ということではない。あなたはすべてを得るのだが、それは低く卑俗な物乞いの宗教だということなのである。「まったく愚かしい人とは、ガンガーの岸に住んでいながら、水を得ようと小さな井戸を掘っている人のことである。まったく愚か者とは、ダイアモンドの鉱山にやってきて、ガラス玉を探しはじめる人のことである」。健康や富、物質的繁栄のために祈ることはバクティではない。それらはカルマのもっとも低い形だ。バクティはより高いものである。私たちは王たちの王の前に出られるよう努力しているのだ。乞食の風采でそこへ行くことはできない。もし皇帝の前に出ようと欲するなら、乞食のぼろ服で行くことが許されるものだろうか？　もちろん不可能なことである。従者は私たちを門から追い出すことだろう。このかたは皇帝たちの皇帝であり、けっして私たちは乞食の格好で前に出ることはできない。商売人がそこに入ることなどけっして許されず、買ったり売ったりすることはそこではなされないことなのだ。聖書の中で、キリストが聖堂で売り買いしている人びとを追い出されたのを読まれたことがあるだろう。

だから何をさておき、バクタになるためのはじめの課題は天国といったようなすべての願望を捨て去ることなのである。その天国というものは、この場所、この地上のようなものか、それよりちょっとましなものであるにすぎない。キリスト教徒が考える天国は、強烈な楽しみの場である。どうしてそれが神であることができよう？　天国へ行くという願望のすべては、楽しみへの願望なのだ。それは捨て去らなくてはならない。バクタの愛は、この今も、このあとも、何も求めない、絶対的に純粋で、非利己的なものでなくてはならない。

「得ることもなくすことも、痛みも喜びという願望も捨てさって、昼も夜も神を礼拝するのだ。一瞬でもそれがないと、それはむなしく、何かをなくしてしまったように感じるほどに」

「他のあらゆる思いを捨て去り、一心に、昼も夜も神を礼拝するのだ。このように昼も夜も礼拝されて、『彼』はご自身をあらわされ、その礼拝者に『彼』を感じさせるのである」

八月一日（木曜日）

真のグルとは、その人をとおして、私たちが霊性を相続することができる人のことである。彼は霊性の流れを私たちへと流出させる経路であり、霊性の世界全体へと私たちをつなぐきずなでもある。その人柄をあまりに信じ過ぎることは弱さと盲目的崇拝を生みだす傾向にはあるが、強烈なグルへの愛は速やかな成長を可能とする。彼は内なるグルと私たちを結びつける。もし彼のうちに本当の真実があるならば、あなたのグルをあがめなさい。グル・バクティ（師への信仰）が、あなたを速やかに最高のものへと導いていくであろう。

シュリー・ラーマクリシュナの清らかさは赤ん坊のそれであった。彼は、生涯けっしてお金には触れず、欲望は彼のうちでは絶対的に消滅していた。その全精力が霊性へと向かっているというのに、物理的科学を学ぼうとして偉大な宗教の師のもとへと行ってはならない。シュリー・ラーマクリシュナ・パラマハンサのうちでは、人というものがすべて死に、神だけが残っていた。彼は実際に罪を見ることができず、文字通り、「不正を見ることができないほど純粋な目の人」であった。このわずかしかいないパラマハンサの純粋さが、世界を支えているすべてであるのだ。もし彼らがみな死んでいなくなってしまったら、世界はこなごなに散ってしまうだろう。彼らはただそこにいるというだけで善をなしているのであり、そして（悪行は）しないということを知っているのである。彼らは実にそうなのである。

本は内なる光を示唆し、それをかもしだす方法ではあるが、しかし私たちが自分でその知識をもたらした時にのみ、それを理解することができる。その内なる光があなたの元できらめくとき、本を閉じ、内なるものだけを見よ。あなたはあなたの内にすべてのものを、本の中のすべて以上のものを、その千倍のものを持っているのである。あなた自身への信仰をなくしてはならない。あなたはこの宇宙においで何でもすることができる。けっして弱くなってはいけないし、すべての力はあなたのものなのである。

もし宗教や人びとの人生が、本あるいはどのような預言者にしても、その存在に頼るというのなら、そのときにはあらゆる宗教も本も消えさってしまうだろう。宗教とは私たちの内にあるものである。本にしても師にしても、私たちがそれを見いだすのを助けること以上には何もできず、そしてそれらがなくても私たちは内なるすべての真実を得ることはできるのだ。あなたはそれに束縛されずに、本や師に感謝しなさい。そしてあなたの師を神として礼拝し、しかし盲目的に彼に従ってはならないのだ。あなたの思うように彼のすべてを愛し、しかしあなた自身のために考えよ。盲目の信仰はあなたを救うことができない。まずあなた自身の救済を成就せよ。彼は永遠の救い手である、という神についてのたった一つの考えだけをもつのだ。

自由と至高の愛は一緒に歩まなくてはならない。そのときにはどちらも束縛とはならないのである。私たちが神に何かを捧げることはできず、「彼」が私たちにすべてを与えて下さっているのだ。彼はグルのグルである。「彼」は「私たちの魂の魂」であり、そのとき私たちの「自己」そのものであると見いだすのだ。彼は私たちの魂の魂なのだから、私たちが彼を愛していることについてあれこれと思う必要はない。ほかの誰を、何を、私たちに愛することができるというのだ？　私たちは「熱さもなければ煙もなく燃えている不動の炎」であることを欲しているのだ。

あなたが神だけを見るとき、誰にたいして善をなすことができるというのか？　あなたが神にたいして善をなすことはできない。すべての疑いは去って、すべては「同一」なのである。もしかりそめにもあなたが善をなすというなら、それは、あなた自身にそれをなしているのだ。受け手がより高いものであると感じなさい。その人が低くてあなたが高いからではなく、あなたがその人より低い者であるがゆえにその人に仕えるのだ。香水をかもしだすバラのように与えなさい、それがバラの性質であり、それは完全に無意識に与えている。

インドにおける偉大な改革者、ラージャ・ラームモハン・ロイは、非利己主義的仕事のすばらしい例であった。彼は全人生を、インドを助けることに献身した。未亡人を焼くことを中止させたのは彼であった。この改革はもっぱらイギリス人によったと一般には信じられている。だが慣習に反する社会運動を扇動し、それを抑圧するため、政府の支持を得るのに成功したのはラージャ・ラームモハン・ロイであった。彼がその運動をはじめるまで、イギリス人は何もしなかったのだ。彼はブラーフモー・サマージと呼ばれる重要な宗教団体を設立し、一〇万ドルを大学創設のために寄付した。その後彼はそこを引きさがり、彼なしにでも遂行していくように言い渡した。彼は名声とか自分に及ぶ結果など、少しも気にはしていなかったのである。

木曜日、午後

メリーゴーランドのように終わりのないあらわれの連続がある。魂は言うならばそこに乗っているのだ。その連続は永遠で、それぞれの魂はそこから降りてゆく。出来事はみずから永遠に繰り返す。それは人の過去や未来は読むことができる、ということである。実際のところすべてが現在なのだから。魂が鎖の中にあるとき、魂はその鎖の経験を経ていかなくてはならない。一つの連続からほかの連続へ魂は進まなくてはならない。それらがブラフマンであることを悟ることによって、その連続から永遠に逃れるのだ。一つの鎖の際立った出来事を理解しそれを深く心に刻むことによって、鎖の全体が把握され読むことが可能となる。この力は簡単に得られはするが、それに真の価値はない。それを実践すると、私たちの霊性の力は抜き取られてしまう。そのようなものはけっして追い求めず、一心に神を礼拝しなさい。

八月二日（金曜日）

ニシュター（一つの理想神への絶対的な献身）をおこなうことで、悟りへの第一歩がはじまる。花という花から蜜を採取しなさい。腰をおろし、会う人みなと仲良くしなさい。すべての人を敬いなさい。すべての人に向かって、「そうです、兄弟よ、そうです、兄弟よ」と言いなさい。だが自分の道にはしっかりと立て。それより高い段階がある。それは相手の人の立場に立つということである。すべてが私であるのに、なぜ積極的に兄弟の心に同調して彼の目から物事を見ることができないのか。私が弱いあいだ、私は一つの道にしがみついていなければならない。しかし、私が強いときには、ほかのすべての人びとの感じることを感じ、彼らの考えと完全に同調することができるのだ。

「他の考えをすべて捨て、一つの思想だけを発展させる」というのは古い方法だ。現代の方法は「調和的な発展」である。第三の方法がある。精神をきたえて制御し、自分の意図する方向へそれを向けることである。結果はただちにあらわれるだろう。これがもっとも真実な意味で、自己を発展させる方法なのだ。集中力を身につけ、その力を自分の望む方向に使いなさい。そうすればなにも失うことはない。真理の全体を悟った人は、真理を構成する部分も当然理解しているはずである。二元論はアドヴァイティズム、すなわち一元論に包含《ほうがん》されているのだ。

「はじめに私が彼を見て、そして彼が私を見た。私から彼へ、彼から私への、一瞬の輝く一べつがあった」

それは二つの魂が極限まで近づいて、ついに一つになるまで続いたのだった。

＊　＊　＊

サマーディには二つの種類がある。一つはサヴィカルパと呼ばれる。そこには自分と理想神とのあいだの、区別という二元性の痕跡がある。もう一つはニルヴィカルパと呼ばれる。そこでは深い瞑想の中で、自分と究極の知識との区別が完全に消えてしまうのである。

それぞれの異なる理想に耳を傾け、よく理解し、またすぐパッと、究極の一元論に立ち返ることができるようでなければならない。自己が完全なものと一つになったあとに、みずからの意思で自己を限定するのだ。何をするにも一つ一つの行為に力のすべてを注ぎなさい。必要なときには二元論者となってアドヴァイタを忘れ、欲するときにはふたたびアドヴァイタに立ち戻ることができるようであるべきだ。

＊　＊　＊

原因と結果の関係性はマーヤーである。霊的成長とともにはっきり理解するだろう。大人の私たちにとって子供のおとぎ話は脈絡のないものに見える。そのように今私たちが見ているものは、全体から切り離された一部分でしかない。原因と結果は実際には存在しない。そのことを私たちは理解するようになるだろう。例え話は例え話として聞き流し、多少は知的レベルを低くして、あまり理詰めに考えすぎないことだ。美しいイメージや詩的表現を愛する心を育《はぐく》みなさい。そしていろいろな神話を詩として味わうことである。神話は歴史や理屈を学ぶためのものではない。だから神話に接するときはそれが心に流れ入るままにまかせなさい。目の前のロウソクの炎が輪を描くように、炎の動くままにしておきなさい。ロウソクを持っているのは誰なのだろう、と考える必要はない。炎の輪を楽しみなさい。示された真実の余韻はずっと心に残るだろう。

神話の書き手たちは見聞きしたものをあふれ出るイメージで「お話」に仕立てた。主題はなにかと詮索して、描かれたイメージを台なしにしてはならない。そのままイメージを受けとめ、心の反応するままに任せるべきである。心がどのように応えるか。そこからそれぞれの神話の良さを引きだすのだ。

あなたの意志、それのみがあなたの祈りに応えてくれる。ただその応えは異なる宗教思想という見かけ上の差異のもと、異なる形でそれぞれの人の心にもたらされる。それぞれの答えはブッダ、イエス、クリシュナ、エホバ、アラーなどであるが、実は、それは「自己」、「私」でしかないのだ。概念は発展していくものである。しかしそれらの概念を表現するための「お話」には歴史的価値を見いだすことはできない。モーゼが持っていたヴィジョンは、現代のわれわれから見れば、間違いだと言ってもよいかもしれない。私たちは彼の時代より多くの知識があるし、幻想にまどわされることが少ないから。

私たちの心の内なる本が開かれていないあいだは、どんな本も役に立たない。内なる本が開かれたなら、それを追認する本であれば他の本はすべてよい。強さを知るのは強い者のみである。ライオンの力を知るのは象であり、ネズミではない。私たちがイエスと同等の者とならなければ、どうやって彼を理解することができるのか。偉大なもののみが、偉大なものの真価を認める。神のみが神を悟る。五〇〇〇人を二斤のパンで食べさせたとか、五斤のパンで食べさせたとか、それはすべて夢の中、マーヤーの中のことである。どれも本当ではないし、どちらがどちらに影響を与えたという話でもないのだ。夢は夢を見ている人と切り離すことはできない。夢にはそれ以外に基盤がない。夢というもの自体がそれだけで存在し、夢を見ている人がその外に存在しているわけではないからだ。

この音楽に流れる重奏低音は、「私は『彼』である、私は『彼』である」という音だ。そのほかの音は変奏にしかすぎず、真のテーマがそれに影響を受けることはない。私たちが生きた本なのだ。本とは私たちが話した言葉でしかない。すべてが生ける神、生けるキリストである。そのように見るのだ。人間を読みなさい。人間は生ける詩である。私たちこそがこれまで存在したすべての聖なる書物やキリストたちブッダたちを照らす光なのである。その光がなければこれらのものは私たちにとって死んだものである。生命なきものである。

あなた自身の「自己」の上に立ちなさい。

死んだ肉体はなにを嫌悪することもない。私たちは肉体を死なしめ、自分たちを肉体と同一視することをやめよう。

八月三日（土曜日）

今生で解脱を得んとする者は、世間一般の人が何千年もかかるほどのことをこの一生で生きなければならない。今あるところよりずっと先に進んでいなくてはならないのだ。しかし大方の人の歩みはあまりにも遅々としている。そこでブッダやキリストがあらわれるわけである。

＊　　＊　　＊

かつて、ヒンドゥ教の王妃がいて、みな子供たちには今生で解脱してほしいという強烈な願いをもっていたので、彼らの世話はすべて自分でしていた。子供たちを寝かしつけるときにはやさしくゆりかごを揺らしながら、いつもある一つの歌を歌って聞かせるのだった。「タットゥワマシ（タット、トワム、アシ）、タットゥワマシ」（それは、あなたである、それは、あなたである）。三人の子供たちはサンニャーシン（僧）となったが、四番目の子は王にするために他のどこかで育てようと連れ去られた。彼が家を離れるとき、王妃である母は、成人したら読むようにと一枚の紙切れを渡した。その紙切れには「神だけが真実である。ほかのすべては偽りである。魂は、けっして殺しもしなければ、殺されもしない。ひとりで、または、聖なる人びととの交流のなかで生きていきなさい」とあった。若い王子がこれを読んだとき、彼もまたただちに世を放棄し、サンニャーシンとなったのである。

すべてを打ち捨て、この世を放棄しなさい。今の私たちは台所に迷い込んで一片の肉を食べながら、いつか誰かがやってきて自分を追いだすかもしれない、と戦々恐々辺りを見回す犬のようだ。そうではなく、王でありなさい。あなたが世界を所有していると知りなさい。このあり方は、あなたが世界を放棄し、世界があなたを束縛しなくなるまでけっして実現しない。もし現実の生活でできないのなら、心で放棄しなさい。心の奥底から放棄するのだ。ヴァイラーギヤ（放棄）を自分のものとしなさい。これが真に神に身を捧げるということである。それがなければ霊性に達することは不可能である。渇望を抱くな。切に望んだものは実現する。そしてそれには恐ろしい束縛がついてくる。三つの願い事をかなえてもらった男の場合のように、それは私たちに鼻をもたらすだけである［1］。私たちが真の自己に満ち足りるまではけっして自由は得られない。「真の自己が自分の救い主であり、それ以外にあり得ない」他の人びとの存在の中にあなた自身を感じるようになり、私たちがすべて一つだと知るようになりなさい。そのほかの枝葉のことは放っておけ。あなたがなしたことは、善であれ悪であれ、心のなかから放り出すのだ。何度も思い返すな。なされたことはなされたことだ。迷信を振り捨てよ。死が迫ったときも強くあれ。

［1］かつて貧しい男がいて、その男はサイコロを三回投げると三つの願い事をかなえてくれるという、ある神を鎮《しず》めることができた。幸運な男はこのことを妻に伝えると、妻はすぐ、富のためにサイコロを投げるように夫に頼んだ。しかしその男は、「私たちは二人ともとても醜い小さな鼻だ。いつも皆がバカにして笑う。まずは美しいワシのような鼻になるように祈ってみようではないか」と言った。だが妻は富が先だと、夫がサイコロをふる手を止めてつかんだ。急いで払いのけた男は、サッとサイコロを投げてこう叫んだ、「どうか私たち二人の鼻をきれいな鼻にして下さい。鼻以外何もいりませんから」。するとただちに二人の身体はたくさんのきれいな鼻で覆われた。だがこれは二人にとってはたいへん気持ち悪いことだったので、二人はそれらを取り除いてもらうように二度目のサイコロを投げることに決めた。それがなされると、彼らの小さな鼻をもなくしてしまった！　今や鼻をなくし、以前よりもっと醜い姿となり、たった一つの願い事がかなうだけとなってしまった。三つの願い事で美しい鼻を望んだが、それさえも彼らの境遇を改善する助けにできなかった二人は、皆に大愚か者と思われるのではないか、自分たちの変貌を質問されるのではないか、と恐れ、二人は彼らの醜く小さな鼻が元に戻ることを望んでサイコロがふられたのであった。

後悔してはならない。過去の行いをくよくよ考えてはならない。過去にどんな善行をなしたかなど思い出してはならない。アザード（自由）であれ。弱い者、恐れる者、無知な者たちはけっしてアートマンに到達しないであろう。

過去の行いを元に戻すことはできないし、行為の結果は必ずもたらされる。それに向き合い、対処しなさい。だがけっしておなじ間違いを犯さぬように気をつけるのだ。すべての行為がもたらす重荷を主にゆだねよ。善い行いも、悪い行いも、すべてゆだねよ。善い行いは自分のものにしておいて、悪い行いだけを主にゆだねてはならない。神はみずからを助けない者を助けてくださるのだ。

「渇望という盃《さかずき》を飲み、世の人びとは狂う」昼と夜が一緒にやってくることはないように、渇望と主が一緒にやってくることはない。渇望を捨て去れ。

＊　＊　＊

ただ「食べ物、食べ物」と言っていることとそれを食べること、ただ「水、水」と言っていることとそれを飲むこと、その間にはたいへん大きな違いがある。だからただ「神、神」という言葉を繰り返すだけで悟りに達することは望めないのである。私たちは努力し、実践しなくてはならない。

波は、ふたたび海にもどることによってのみ、無限のものとなる。波自体のままで、無限になることはできない。波が海となったときには、またふたたび波の姿をとることもでき、どのような大波にもなれる。自分を波の一つであると見なすことをやめなさい。自分はすでに自由なのだと知りなさい。

真の哲学は、ある特定の認識を系統立てて探求することである。宗教のはじまりは、知的探求が終着点に至ったその地点である。霊的直観は理知よりはるかに高い。しかしそれは理知と矛盾するものであってはならない。知的作業は、厳格な思考を進めるためのおおざっぱな道具である。それにたいして霊的直観は、すべての真実を照らす鮮やかな光なのである。何かをしようと思い立つのが必ずしも霊感だというわけではない。

マーヤーの中での進歩は、出発地点へとあなたを引き戻す環《わ》である。あなたは無知ではじまり、すべての知識とともに終わりへと向かうのである。神への礼拝、聖なるものへの礼拝、一心統一、瞑想、そして非利己的な仕事をすること、これらがマーヤーの網から脱却する方法だ。しかしまずはじめに私たちは、自由を獲得したいという強い願望を持たなくてはならない。暗闇を照らすあの光の輝きは私たちの内にあるのだ。知識が私たちの本質なのである。(「人としてもって生まれた権利」などというものは存在しない。私たちは生まれたものではけっしてないのだから)。光を覆う雲を追い払うこと、私たちはそれをするだけでよい。

＊　＊　＊

地上の、そして天上の快楽への渇望をすべて捨てるのだ。感覚器官を制御し、心を抑制せよ。不幸だという自覚もないほどすべての苦悩に耐えよ。自由を獲得すること以外に何も考えるな。グルと彼の教えを信じ、必ず自由が得られると信じるのだ。なにが来ようと、「ソーハム、ソーハム」――「私は彼である。私は彼である」と言いなさい。食べているとき、歩いているとき、苦しんでいるときでさえ、それを自分に言い聞かせなさい。目に見えているものに実態はない。「私」だけが存在する。そのことを絶えず心に言い聞かせるのだ。心はせん光に貫かれ、夢から覚めるだろう。この宇宙には実体がなくただ神のみが存在する、と昼も夜も思い続けなさい。解脱を得たいという強烈な願望を持ちなさい。

すべての親類や友人たちは「古く乾ききった井戸」である。私たちは底のない井戸に落ち、義務とか束縛とかいう夢を見ている。誰かを助けることができるなどと幻想を抱いてはならない。もしあなたが二元論を信じているなら神を助けるなどという考えは馬鹿げている。もしあなたが一元論を信じるならあなたは自分が神だと知っている。どこに義務が生じるのか。あなたに配偶者への、子供への、友人への義務はなにもない。物事は起こるに任せなさい。静かに横たわり、その身がどこへ運ばれようと、流れに任せていなさい。あげ潮とともに上がり、引き潮とともに下がればよい。肉体は死ぬにまかせよ。肉体という概念がすでに使い古された作り話ではないか。「心を静め、あなたが神であることを知れ」。

現在だけが存在のすべてである。思いの中においてさえ、過去や未来は存在しない。思う、ということが今現在の出来事だからである。何もかも捨て去りなさい。その身は流れに任せなさい。この世界は何もかもが幻影である。二度とそれに欺《あざむ》かれてはならない。あなたはこの世界を誤った見方で見ていた。しかし今はその真実の姿を知らなければならない。身体がどこへ引きずられようが放っておきなさい。身体のありかなど気にするな。人びとを縛りつける「義務」という観念は恐ろしい毒である。今も世界を破壊し続けている。

天国に行くまで待ってハープを手にしよう、それまでは急がずに、などという事ではいけない。今、ここで、ハープを手に弾《ひ》きはじめようではないか。天国に行くまで待つ必要はない。ここで実践しなさい。天国には結婚も、親が娘を嫁がせることもない。ただちにそのような生き方を始めようではないか。サンニャーシンの黄色の衣は自由な者のしるしである。世俗の物乞いの衣服を捨て、自由の旗、朱《しゅ》色（オレンジがかった色）の衣を身につけるのだ。

八月四日（日曜日）

「無知ゆえにあなた方が礼拝しているお方、その方こそがあなたなのだ」

この方、この神のみが知ることを享受するものである。私たちが見ているものは、どこに目をやろうとすべて神である。誰もがみな自分が存在していることは知っている。動物でもそうである。私たちに知ることができるのは、神を映しだしたものだけなのである。子供たちにこのことを教えなさい、彼らはすぐに理解する。たとえ無意識的であったにしても、どの宗教においてもこの「自己」は礼拝されてきた。

生に対する恥ずべき執着が、諸悪の根源なのだ。それは盗みやだまし合いを生む。金があがめられるようになり、あらゆる悪徳や恐れがそれについて回る。物質的なものに重きを置かず、何にたいしても執着するな。何事にもこだわらず、命にさえも執着しなければ、恐れは消滅する。「この世に多様性を見る人、その人は死から死へと向かっていく」。すべてのものが一つであると見るとき、私たちに肉体的な死はありえず、精神的な死もありえない。すべての身体が私のものなのだ。だから身体さえも永遠なのである。木、動物、太陽、月、宇宙、そのものが私の身体だからである。それがどのように死ぬことができるというのか？　あらゆる心、あらゆる考えさえ私のものである。どうして死が訪れることがありえるのだろう？「自己」はけっして生まれたことがなく、けっして死ぬこともない。

私たちがこれを悟ればすべての疑いは消える。「私である、私は知っている、私は愛している」――これらは、けっして疑うことのできないものである。飢えなどというものはない。というのも人びとが食べているあらゆるものは、実は私が食べているのだから。髪の毛が抜け落ちるからといって死ぬとは誰も思いはしない。そのように、もしもある肉体が死ぬというなら、それは髪の毛が抜け落ちるほどのことでしかないのである。

超意識が神なのだ。それは言葉を超え、思想を超え、通常意識を超えたものである。通常意識には三つの境地がある。人を傷つけようとする境地（タマス）、人を等しく愛する境地（ラジャス）、神聖なものに傾倒する境地（サットワ）である。最高の境地に達した人びとは、ただありのままに生きている。彼らにはどのような義務もない。彼らは愛するだけである。そして彼らは磁石のように人びとを惹きつける。これが自由なのだ。この境地に至った人びとは意識して道徳的に行為をなすことはないが、彼らの行いそのものが人の道にかなったものなのとなる。神を知る者、ブラフマヴィッツは、すべての神々に勝る。イエスが迷いに打ち勝ち「悪魔よ、立ち去れ」と言ったとき、多くの天使たちがイエスを礼拝しようと天から降りてきた。ブラフマヴィッツには誰ひとり手を貸すことはできない。宇宙そのものが彼の前にひれ伏す。彼の望みはどんなものでもかなう。彼の精神は周りの人びとを浄化する。だから最高の境地に至りたければ、ブラフマヴィッツを崇拝しなさい。神からの三つの大いなる贈り物――人間の身体、自由への激しい願望、道を示してくれる偉大な魂の助け――があるとき、解脱は約束されている。ムクティは私たちのものである。

身体の永遠の死がニルヴァーナである。これは否定的な側面であり、「私はこれではない、あれではない」というものである。ヴェーダーンタはさらにその先へと歩を進め、肯定的な側面――ムクティ、あるいは自由――を主張する。「私は絶対的な実在であり、絶対的な知識であり、絶対的な至福である」これがヴェーダーンタである。完全なアーチの、頂点を飾る宝石である。

北方仏教の支持者たちの大半はムクティを信じており、真のヴェーダーンティストである。ただ、セイロン（現スリランカ）の人たちだけが、ニルヴァーナを入滅として受け入れている。

信心によっても不信心によっても「私」は殺されない。信心して得るもの、不信心によって失うもの、これらはすべて幻である。何ものもアートマンに触れることはできない。「私は私自身の『自己』に心からの敬礼を捧げます」「みずから光り輝く存在、私は私の『自己』に深く頭を下げます。私はブラフマンです」身体は暗室である。だが私たちが足を踏み入れると、それは内側から光り輝く。生命が宿る。この光は何によっても破壊されない。それに覆いをかけることはできるかもしれないが、それはけっして破壊されないものである。

＊　＊　＊

現代において、神は、「母」、無限なるエネルギーとして礼拝されるべきである。これは清らかさへと導き、すさまじいまでのエネルギーが、ここアメリカにやって来るだろう。ここには私たちの足かせとなる寺院もないし、より貧しい国々に見られる惨めな暮らしもない。女性たちは果てしなく苦しんできており、それが彼女に無限の辛抱強さと無限の忍耐力を与えた。彼女は一つの考えをしっかりと持っている。迷信的な宗教やあらゆる国の聖職者さえも彼女を支えとしているのはこのためであり、彼女を自由にするものはこれなのである。私たちはヴェーダーンティストにならなくてはならず、この壮大な考えに生きなくてはならないのである。大衆はそれを得なくてはならず、そして、自由の国、アメリカにおいてのみ、これはなされるのである。インドにおいて、この考えは、ブッダやシャンカラやその他の人びとによってもたらされたが、世の人びとは教えを守り伝えることをしなかった。新しい時代でのヴェーダーンタは、日常の生活に生きているものでなければならない。それは女性をとおして実現されなければならない。


「心の奥のさらに奥に、誠を尽くして、最愛の麗しき母を抱き続けよ。

悪の指導者たちの侵入を許すことなく、わが心よ、そなたと私のみで近しく母に相まみえよう。

舌のみを残し、ほかのすべてを捨て去るがよい。『母よ、母よ！』と言わんがために。

生きとし生けるもののすべてを超えておられるお方。

行く道を照らす月！　わが魂の魂であるお方よ！」

日曜日、午後

ちょうど肉体が心の手にある道具であるように、心もまたアートマンの手にある道具である。物質は外側の動きで、心は内側の動きである。変化はすべて時間の中で始まり、時間の中で終わる。アートマンが変化しないものなら、それは完全なものであろう。完全なものなら、無限であろう。無限なるものはただ一つだけであって、ほかに別の無限はない。一見すると多種多様に見えても、それは本当は一つである。太陽に向かって歩いて行くと一歩ごとに太陽の姿は違って見える。だが結局それはただ一つの太陽なのだ。

アスティ、「自分が存在することの自明性」が、すべての存在を一つに統合する基盤である。この基盤がはっきり見えたとき、それにともなって「自己の完全性」が姿をあらわす。すべての色が一つに溶け入ったら絵画は消滅するだろう。完全な一体化は休止である。様々な事象の背後に神が存在する、と私たちは言う。道教、儒教、仏教、ヒンドゥ教、ユダヤ教、モハメッド教、キリスト教、ゾロアスター教の教徒たちも、ほとんどおなじ言葉で黄金の法則を説いた。しかしヒンドゥ教徒だけがこの法則の理論的根拠を示す。彼らは身をもってその理論を体験していた。他人とは自分自身である。それゆえ人は他人を愛さねばならぬ、と。

世界の偉大な宗教の教師たちの中で、老子とブッダとイエスだけが黄金の法則よりさらに高い教えを説いた。「汝の敵に善をなせ。汝を憎むものを愛せ」と言った。

法則はある。しかしそれは人が考えだすものではない。私たちはそれを発見するだけなのだ。宗教は悟りによってのみ成り立つ。教義は方便であって、宗教ではない。異なる宗教は、どれも一つの宗教の応用にすぎない。それぞれのお国の事情に合わせて異なっているだけである。教義教条は衝突を生む。平和をもたらすはずの神の名のもとに、世界中で血なまぐさい紛争が起きているのはそれゆえである。まっすぐに源に向かいなさい。神に「あなたは何ものなのか」とたずねなさい。神が応《こた》えなければ、神はいない。しかしすべての宗教が、神は応えてくださると教えている。

　自分の意見を持ちなさい。そうでなければ、どうやってほかの人びとが言ったことを理解できるだろうか。古びた迷信に縛られるな。つねに新しい発見に前向きであれ。「先祖が掘った井戸の汚れた水を飲み、他人が掘った井戸のきれいな水を飲まない人は愚かである」自分自身が神を悟らぬうちは、神について何も知ることはできない。私たちひとりひとりは生来完全なのである。聖者たちは自己の完全さを表にあらわしてくれた。しかし私たちにおいてそれは潜在している可能性だ。私たち自身が神を見たのでなければ、モーゼが神を見たということをどうして理解できるだろうか。神が一度でも誰かの前にあらわれたというのなら、私の前にもあらわれるはずである。私は直接神に行く。神に話しかけてもらう。私は信条を支えにして神の前に行くことはない。何かを信じるということは無神論や涜神《とくしん》論に通じるものである。神が二〇〇〇年前にアラビアの砂漠でひとりの男に話しかけたというなら、神は今日、私にも話しかけることができるはずだ。そうでなければ神はまだ死んでいないと知ることができない。神に至りなさい。どのような手段を使ってでもとにかく神に至るのだ。しかし神に至る行程で、人をおとしめることがないように。

　真理を知っている人たちは、知らないでいる人たちを慈しまなければならない。真理を知る者はアリのためにも喜んで命を捨てる。身体が無だと知っているからである。

八月五日（月曜日）

問題は、最高に到達するには低い段階をすべて経なければならないのか、それともただちにそこへ飛び込むことができるのか、ということである。現代のアメリカの若者は、彼らの祖師たちが何百年も費やして到達したものに二五年で到達する。ヒンドゥ教徒は、彼らの先祖たちが八〇〇〇年かけて到達した高みを二〇年で自分のものにする。身体の面でいえば、胎児は子宮の中でアメーバのようなものから人へのプロセスを通る。これは最新の科学が教えていることである。ヴェーダーンタはさらに進んで、私たちは全人類の過去を生きるだけでなく、全人類の未来も生きなければならないと言っている。過去を生きるのは学者たちであり、未来の人類を生きるのはジヴァンムクタ（生前解脱者）、完全に自由を得た人である。

時間とは思考を計るもの、そして思考は瞬時に駆けめぐるものなので、未来の人生に至る速さに制限はない。それゆえ未来の生をすべて生きるのにどれほどの時間がかかるのか、それは誰にも断言できない。一秒でそこに至るかもしれないし、五〇回生まれ変わってやっと到達するかもしれない。それは熱心さの度合いによる。だから教えは教えられる側のニーズに合わせて加減しなければならない。燃えさかる炎はすべてを焼き尽くす。水も氷塊もたちまち消えてしまう。無数の散弾銃を打て。弾の一つぐらいは当たるだろう。人に真実を陳列している博物館のすべてを与えてみよ。彼は自分に一番合ったものを選ぶだろう。過去の生によって現在の性向が決まる。その性向に適合するものを選んで学生に与えるのだ。知性的な傾向、神秘主義的な傾向、信仰的な傾向、実践的な傾向、などがある。その中の一つをベースにしつつも、ほかの三つの方法も合わせて教えなさい。知的傾向の者には愛を、神秘主義的傾向の者には理性を持つことでバランスを取らせなさい。そしてすべての道において実践をともなうことが肝要である。今ひとりひとりがある場所において、その人たちをそのまま受け入れ、さらにその背中を押し、前進させるのだ。宗教の教えは希望をもたせる前向きなものでなくてはならない。人を萎《な》えさせ落ち込ませるものであってはならない。

それぞれの人の性向は、その人が過去に何をしたかによって決まる。その人の活動の方向性や行動の円の範囲が、それによって決まるのだ。すべての円の起点は中心にある。誰の性向もけっして矯正しようとしてはならない。それをすると、教える側も学ぶ側もともに成長を妨げられるのだ。ギャーナを教えるならあなたがギャーニにならなければならない。そして教えられる側の立場に精神的に寄り添うのだ。ほかのヨーガにおいても同様である。一つ一つのヨーガの力を集中的に発展させなさい。これがいわゆる調和的発展にいたる本当の秘密である。すなわち一つに深く集中することで広い理解を身につけること。しかし調和的発展を求めるあまり、一つへの集中がおろそかになってはならない。私たちは無限である。私たちの内に限界は存在しない。私たちはもっとも敬虔なイスラーム教徒とおなじくらい熱心な信仰者にもなれるし、もっとも声高に主義主張を喧伝《けんでん》する無神論者のように大胆にもなれる。

それは、何か一つの方法に心を凝り固めることではなく、心自体を養い制御することで達成される。

それができれば、そのときは心をどの方向にも自在に向けられる。そうやって一つに集中することと、広い理解を身につけることが可能となるのだ。ギャーナを、それが唯一のものであるかのように深く知りなさい。そのあとでバクティについても、ヨーガにつても、カルマについてもおなじように深く知りなさい。一つ一つの波の形にとらわれるのではない。まっすぐに海に行くのだ。そうすれば、それぞれの波の形を自分のものにすることができる。あなたの心の「湖」を制御しなさい。それができなければ、他人の心の湖を理解することはできない。

真の師とは、学ぶ側の性向に合わせて自分の力のすべてを傾けられる人である。心からの理解と同情がなければ人をよく教え導くことはできない。誰もが責任ある人間とは考えるな。完全なる人間のみが責任を持つのだ。真理を知らぬ人びとは迷妄の杯を飲み干し正気を失っている。真理を知るあなた方は、それにたいして限りない忍耐の心を持たなければならない。迷妄にある人びとを愛しなさい。彼らがどのような病に蝕《むしば》まれ、世界を間違った見方で見るようになったのかを見極めなさい。見極めたなら、彼らみずからがそれを治すように、そして正しい見方を身につけるように、手助けをしなさい。つねにおぼえておきなさい。自由な者だけが自由意志を持つことができる。その境地に至っていない人びとは迷いにからめとられているのだから、彼らの行いに責任はない。迷いのうちにある人の意志は束縛されている。ヒマラヤの山頂で溶けて流れだした水は自由である。しかしそれが川になったとき、両岸によって束縛される。それでも流れ出た時の勢いは水を海まで運ぶ。そうして水はふたたび自由を取り戻す。ヒマラヤから流れ落ちることは人の堕落の第一歩を示し、海に流れ入ることは堕落からのよみがえりを示す。一つの原子さえ、自由を得るまでひとところにとどまることはしない。

人が想像上に描くイメージのいくつかは、ほかのイメージを描くことによって、それがもたらした束縛を打ち砕くことができる。宇宙全体は人の想像によるものだが、その中のある一組のイメージは、ほかの一組のイメージのひずみを正すことができる。罪、悲しみ、死の存在、などといったイメージは最悪なものである。だが一方の「私は神聖である。神は存在する。痛みというものは存在しない」などといったイメージは良いものであり、人びとを束縛から解き放つ。束縛の鎖のすべての輪を断ち切る最高のイメージは、人格神である。

「オーム・タット・サット」、マーヤーを超越するのはこれのみである。だが人格神も、永遠に存在する。ナイアガラの滝がある限り、そこには虹がある。けれども水は絶えず流れ去っている。滝は宇宙で、虹は人格神だ。二つとも永遠に存在する。宇宙がある限り、神はあるのである。神が宇宙を創造し、宇宙が神を創造する。この二つはともに永遠に存在するのだ。マーヤーは存在でもないし、非存在でもない。ナイアガラの滝と虹とはつねに変化している。それはマーヤーをとおして見るブラフマンの姿だ。ペルシャ人やキリスト教徒たちはマーヤーを二つに分け、よい半分を「善」と呼び、悪い半分を「悪」と呼んだ。ヴェーダーンタではマーヤーをそのままの形で受け入れ、その背後に非二元のブラフマンを見るのである。

モハメッドは、キリスト教がユダヤ教の範囲を逸脱しているとみなした。キリスト教徒はユダヤ教的であるべきだ、つまり唯一の神のみを拠り所《よどころ》となすべきだ、と彼は教えた。彼は、「私と父は一つである」という、アーリア的な思想を嫌悪し恐れを抱いた。しかし、キリスト教のいう三位一体の概念は、永遠に人間と離れているエホバの神という二元的な概念より数段すぐれている。神が人となって生まれるというセオリーは、人と神は一つである、と認めるにいたる考え方の、最初の連結点である。神がまずひとりの人間に顕現《けんげん》し、次には別の時代時代に別の人間となってふたたびあらわれる、そして最終的には人間ひとりひとりが、そしてすべての人が、神の顕現となるのだ。一元論が最高の段階であり、一神教はより低い段階である。想像によるイメージは、理論よりもさらに速く、そしてたやすく最高へとあなたを導くだろう。

大衆をはるかに抜きんでた、二人か三人の人が神のためにのみ生き、世の人のために宗教を救い出してくれればよい。自分が迷妄の本源でしかないのにジャナカになったつもりになってはいけない。ジャナカという言葉は本源という意味だが、ある王の名前でもある。彼は臣民のために王国を治めながらも、心の中ではすべてを放棄していた。正直に、「理想は理解している。けれどもまだまだそこに至っていない」と言うのだ。放棄していないのに放棄したふりをしてはならない。放棄をしたならしっかりとそれを守れ。一〇〇人の人が戦いに敗れても、その人たちの手から放棄の理想という旗を受け取り、けっして手から離してはならない。誰が戦いに敗れたとしても、神は真実であり続ける。旗を戦いに敗れた人は次の人が引き継いでくれるようにその旗を手渡すのだ。旗が地に落ちることがあってはならない。

聖書に言われている。まず神の国を求めよ、そうすればすべては添《そ》えて与えられるであろう、と。

しかし、私は清められていて汚れがないのに、なぜいろいろな不浄なものを添えて加えられなければならないのか。そんなものは喜んで捨ててしまいなさい。添えて与えられるものなど放棄するのだ。たとえその目で見ることはできなくても、成功はついてくるものと知りなさい。イエスは一二人の漁師たちを残して去ったが、その少数の者たちがローマ帝国を破壊したのだ。

地上のもっとも純粋で、もっとも善いものを、神の祭壇に捧げなさい。放棄を実践しようと苦闘している人は、一度も試みようとしない人よりも優れている。すでに放棄を実践している人をひと目見るだけでも、人は純粋になれる。神のために立ち、世界を手放しなさい。妥協をしてはならない。世界を放棄しなさい。そのとき初めて肉体とのきずなが緩《ゆる》められる。肉体が死ねば、あなたはアザード――自由となる。自由でありなさい。死んだからといって、それだけで自由になれるわけではない。自由は今生での私たちの努力によって達せられなければならない。それができていれば、肉体が朽《く》ちるときにふたたびこの世に生まれることはないのである。

真実は真実によってのみ真実と判断される。他に判断の基準はない。善行をなすことが真実の検証になるわけではない。太陽を見るために松明《たいまつ》などいらない。真実が全宇宙を破壊するとしても、それでも真実は真実である。真実を旨《むね》とせよ。

宗教の儀式やその他の形式を守るのは易しい。大勢の人がそれに集まる。だが実は外側には何もない。

「クモが自分の内から糸を吹き出し、また引き戻すように、ちょうどそのようにこの宇宙は神から吹き出され、引き戻される」

＊　＊　＊

八月六日　火曜日

「私」がなければ、その外側に「あなた」はあり得ない。そこからある哲学者たちは、主観の中にしか外界はない、つまり「あなた」とは「私」の中にしか存在しない、という結論に達した。反対に、おなじ理論にもとづいて、「私」とは「あなた」をとおしてのみ知ることができる、と主張する人たちもいる。この二つの見方は半分ずつ正しい。それぞれに誤りの部分と正しい部分がある。思想というものも身体とおなじくらい物質的で、自然界の産物なのである。物質も精神も、第三のもの、統一的なものの中に存在している。その統一体がみずからを物質と精神に分けている、アートマン、真の自己なのである。

不可知な存在「X」がみずからの姿を精神と物質としてあらわしているのだ。物質としてあらわれたものの働きは一定の線にしたがっており、それは法則と呼ばれている。統一体としての存在は自由だが、顕現した状態では法則に縛られている。しかしどれほど多くの束縛を受けようと、人の心から自由の感覚が消えることはない。これが、ニヴリィティ、「執着からの回帰」、と呼ばれるものである。欲望を糧にして私たちをこの世界の様々な活動に赴かせる力、物質化を促す力、それらはパラヴリティと呼ばれる。

物質の束縛から私たちを解き放つ行為は、道にかなった行いであり、その逆もまた真である。この世界は無限に続くように見える。それはすべてが輪のように動いているからである。すべてが始まりに戻る。だからこの世界には休止も平安もない。私たちはこの循環から出なければならない。ムクティが到達すべき唯一の目標である。

＊　＊　＊

悪はさまざまな姿をとるが、その本質はおなじである。古代人は武力で支配したが、現代は悪知恵が支配する。インドの人びとの惨めさは、アメリカの人びとの惨めさほどひどくはない。なぜならこアメリカでは、対比する相手の豊かさにくらべて貧乏人は、自分の惨憺《さんたん》たる暮らしをより一層意識するからである。

善と悪とは離れがたく組み合わされており、それゆえ一方だけをとることは不可能である。宇宙の全エネルギーは池のようなもので、一つの波が立ちあがるとそれに応える形で一つのへこみができる。しかしトータルすれば、変わらない。ということはひとりの人が幸福になるためには他のひとりが不幸になる、ということである。外界の幸福とは物質的なものであり、物質的に提供できるものは限定されている。だからひとりの人が他の人から奪うことなく何かを獲得することはできないのである。物質世界を超えたところにある至福だけが、他から何も奪うことなく達成される。物質的な幸福とは、物質的な不幸が姿を変えたものでしかないのだ。

立ちあがった波の上に生まれ、それに乗っている人びとからは波のくぼみは見えないし、そこにあるものも見えない。自分の力でこの世界をより善くできるとか、より幸せにできるなどとはけっして考えないように。油をしぼる石臼を引くためにくびきにつながれた雄牛は、目の前にぶら下げられたワラにはけっして届かない。ただただ油を絞り続けるだけである。同様に私たちも、けっして届かない幸福という名の幻の輝きを追い続け、物質界の油を絞り続け、そして死ぬ。ふたたび生まれ、おなじことを繰り返すために。もしも悪というものを完全に消し去ることができたら、より高いものをかいま見ることもなくなるだろう。現状に満足し、自由を得ようと奮闘することもなくなる。物質世界の中に幸福を求めるのがナンセンスだとわかれば、そのとき宗教が始まる。宗教は人類の知識をすべて内包するものである。人の身体においては善と悪のバランスがとれている。だから、その両方から自由になろうとする気持ちが生まれるのである。

自由な魂はけっして束縛されていない。どのように束縛されたのかなどと聞くのは理屈に合わない。束縛がないところに原因も結果もあるわけがないからだ。「夢の中で私はキツネになっていて、犬に追いかけられた」と言うとき、なぜ犬が私を追いかけたのか、と自分に聞くだろうか。キツネは私の夢の一部で、犬が追いかけたのは当然の成り行きだが、二匹とも夢の中にしか存在せず、目覚めたときには消えているのだから。科学と宗教は、両方とも私たちを束縛から解き放つための手段である。ただ宗教の方が、より古くからあり、科学より神聖だという偏見を私たちは持っている。偏見というより、宗教の方がたしかに神聖だといえるだろう。宗教は倫理性を最重要視するが、科学にはそれがないからである。

「心の清らかなるものは幸いである、彼らは神を見るであろう」もし、すべての本や預言者が消え去っても、この言葉だけで人類は救われるに違いない。この心の清らかさこそが、神のヴィジョンをもたらす。宇宙という音楽の全主題はまさにこれなのだ。清らかさの中に、束縛は存在しない。清らかさによって、無知のヴェールを取り去れば、私たちは真の姿をあらわすこととなり、自分ははじめから束縛のない存在であったと知るようになる。自分の外に多くの他人を見るということは、この世界の罪の中でも最大の罪だ。すべての人びとを自己と見、すべての人びとを愛しなさい。他との分離感を捨てるのだ。

＊　＊　＊

極悪人も、やけどやけがの傷とおなじように、私の身体の一部である。やけどや傷を治すには手当をしなければならないが、おなじように極悪人にたいしても元の姿にかえって元気で幸せな人となるまで、あきらめずに手当をし、援助をしなければならないのである。

相対的な境地で物事を見ているあいだは、この身体は相対的なものによって傷つけられると思うのが当然だし、また逆に、相対的なものによって助けられると考えるのも当然である。この、助け、という考えを抽出したものを私たちは神と呼ぶ。助け、という概念を集めて一つにしたものが、神なのである。

神とは慈悲深く、善良であり、つねに助けを与えてくれる存在の統合である。それが神の姿である。アートマンとしての私たちには身体はない。だからと言って、「私は神だ、毒も私を傷つけない」などと言うのは狂気の沙汰である。身体があり、それが見えているあいだは神を悟っていないのである。川が消え去ったのちに、渦《うず》だけが残るということがあるだろうか。

助けを叫び求めなさい。助けはもたらされる。最終的には、助けを叫び求めていた自分も、助けをもたらしてくれた人も消え、遊びは終わる。真の自己だけがそこに残るのだ。

一度そこに至ったなら、この世界に戻って気持ちのおもむくままに生きなさい。身体はもはや悪をなすことがない。なぜなら悪の力が燃えつきたときにのみ、解脱が訪れるものだからである。その境地に至ったときにはすでに不純物は燃え尽き、残っているのは「煙の出ない炎」、「燃料のない火」だけなのである。

身体は過去の行為のエネルギーによってしばらくは生き続けるが、それは善しかなさない。解脱がもたらされる前にすべての悪が消え去っているのだから。イエスとともに十字架に架けられて死に赴いた盗人《ぬすびと》は、過去の行為の報いを受けたのだ。彼は以前はヨーギーであったが、道を踏みはずした。そのためまたこの世に生まれなければならなかった。そしてふたたび道を踏みはずし盗人になってしまった。だが過去の善い行いが実を結び、解脱がおとずれる可能性のある、その瞬間、イエスに出会った。そしてイエスのひと言によって、自由を得たのだ。

ブッダは最大の敵を悟りに導いた。それは、ブッダを憎むばかりにその人が四六時中彼を考えていたからだった。ブッダを思うことで、その人の心は清らかになり、解脱への用意が整《ととの》ったのだ。それだから、あなた方も、つねに神を想いなさい。そうすれば、あなた方は清められるであろう。

＊　＊　＊

（こうして私たちを鼓舞したスワーミー・ヴィヴェーカーナンダのご講話は終わりました。翌日、サウザンド・アイランドを祝福されたのち、サウザンド・アイランド・パークを出発し、ニューヨークへとお帰りになりました）

インスパイアード・トーク
―― 魂を鼓舞する会話 ――
Inspired Talks

2024年12月24日初版発行
発行者　日本ヴェーダーンタ協会会長
発行所　日本ヴェーダーンタ協会
249-0001
神奈川県逗子市久木4-18-1
Tel: 046-873-0428
Fax: 046-873-0592
Website: vedanta.jp
Email: info@vedanta.jp

日本ヴェーダーンタ協会 刊行物他

オンラインショップ　www.vedantajp.com/ショップ/

ショップ Home

ショップ和書

ショップ CD

ショップ DVD

アマゾン電子書籍 amazon.co.jp

Amazon Kindle 版
和書

Amazon Kindle 版
雑誌

Amazon Kindle 版
雑誌合本

日本ヴェーダーンタ協会会員

協会会員（会費）

＊変更の可能性もあります。各サイトでご確認ください。

■ 準会員＝雑誌講読を主とする会員（年間５０００円、3年間１３０００円、5年間２１０００円）正会員＝協会の維持を助けてくれる会員（年間１５０００円以上）。

■ 正・準会員には年6回、奇数月発行の会誌「不滅の言葉」と、催し物のご案内をお送り致します。また協会の物品購入に関して準会員は１５％引き、正会員２５％引きとなります。（協会直販のみ）（会員の会費には税はつきません）vedantajp.com/会員/からも申込できます。